W0380670

ars vivendi

Petra Teetz

Gerlinde Herz

Aus meim Gärtla

mit Illustrationen von Cornelia Ritter

ars vivendi

Bildnachweis:
Illustrationen von cornelia ritter food illustration (www.food-illustration.de)
Fotos: Fotolia: Andreas F. S. 86; Carola Schubbel S. 6; Ina Schoenrock S. 100; Kimsonal S. 101; Leonid Nyshko S. 72; maunzel S. 99; matttilda S. 54; Mirko S. 55; petrabarz S. 85; picamaniac S. 155; Sandra Cunningham S. 54; Photocase: annelilocke S. 8; bernjuer S. 114, S. 145; blindguard S. 98; blümchen36 S.31; boing S. 81; chhmz S. 137; chrisroll S. 8; claudiarndt S. 13, S. 150; complize: S. 14, S. 17, S. 73, S. 76, S. 141; cydonna S. 124; daniel.schoenen S. 54; David Dieschburg S. 29; Delicate S. 103; dottie S. 126; Ellijot S. 96; emoji S. 69; GoodwinDan S. 116; Helgi S. 92, S. 138; HerrSpecht S. 110; hunfi S. 75; i make design S. 34, S. 39; jadon S. 94; jala S. 105; Janine Wittig S. 47; jjj S. 116; jockelo S. 56; jodofe S. 73; Jürgen W S. 87; kaz68 S. 139; kemai S. 66, S. 99; mages S. 82; mallomoi S. 141; manun S. 9, S. 95; markusspiske S. 106; marshi: S. 12, S. 61, S. 84, S. 104; Miss X S. 31, S. 39, S.45, S. 51, S. 59, S. 65, S. 66, S. 80, S. 82, S. 104, S. 146, S. 148, S. 152; misterQM S. 48, S. 52, S. 74, S. 122, S. 144; morningside S. 128; møt S. 33; mys S. 103; nele. S. 20; nild S. 88; ohneski S. 19; Opa114 S. 94; PNetzer S. 90; Rina H. S. 49; Ro.Xy S. 25; s11 S. 40, S. 95; S 108; schiffner S. 98; Seleneos S. 70; sör alex: S. 16, S.58, S. 88, S. 120; Steffz S. 134; suze: S. 6; thesweetg S. 70; tinykahuna S. 41; una.knipsolina S. 40; Van. S. 8; Weigand S. 118; Xenya: S. 10, S. 11; YariK S. 94; Zavi S. 134; 12frames S. 92;

Für den ars vivendi verlag ist Nachhaltigkeit ein wichtiger Maßstab ihres Handelns. Wir achten daher auf den Einsatz umweltschonender Ressourcen und Materialien. Dieses Buch wurde auf FSC®-zertifiziertem Papier gedruckt. FSC (Forest Stewadship Concil®) ist eine nicht staatliche, gemeinnützige Organisation, die sich für eine ökologische und sozial verantwortliche Nutzung der Wälder unserer Erde einsetzt.

Originalausgabe
1. Auflage März 2012

www.arsvivendi.com

Lektorat: Stephan Naguschewski
Umschlaggestaltung: Jürgen Kreitmeier
Innengestaltung: Annina Himpel
Druck: Schätzl Druck und Medien, Donauwörth
Printed in Germany
ISBN 978-3-86913-117-7

Inhaltsverzeichnis

Hereinspaziert

Kommen Sie doch mit auf einen Sprung ins Gärtla. Hier gibt es viel zu entdecken, jede Jahreszeit hat ihren eigenen Reiz und ihre eigenen Pflanzen. Und im Gärtla ist multikulti angesagt, denn viele unserer Früchte und Gemüse stammen ursprünglich aus anderen Ländern – aber alle fühlen sich heute bei uns sehr wohl. In 19 Porträts stellen wir Ihnen typische Bewohner des fränkischen Gartens vor.

»Wer einen Garten besitzt, hat alles, was er braucht.« (Cicero)

Dabei muss das Gärtla gar nicht groß sein. Ein Fleckchen Erde für eine Salat-, Gemüse- oder Kräuterpflanze oder ein Obstbäumchen findet sich immer – ganz egal, ob Sie auf dem Land oder in der Stadt wohnen. Und im Garten gibt es immer was zu tun. Unsere Gartentipps helfen Ihnen bei der optimalen Pflege Ihrer Pflanzen rund ums Jahr.

Gärtnern, so heißt es, tut der Seele gut, und Kochen dem Leib, also haben wir auf den folgenden Seiten beides miteinander kombiniert. Denn das Kochen gelingt mit erntefrischen Zutaten besonders gut – und noch besser, wenn sie aus dem eigenen Garten kommen. Sie sind gesund, unbelastet und schmecken einfach himmlisch.

Lassen Sie erst die Seele bei der Gartenarbeit baumeln und erfreuen Sie den hungrigen Leib dann mit frisch zubereiteten Gerichten aus der Gartenküche. Bei den einzelnen Porträts finden Sie schlichte Rezepte, die mit wenigen Zutaten auskommen. Hauptzutat ist das, was gerade reif ist. Heimisch geht es dabei zu, was jedoch nicht heißt, dass mediterrane und exotische Früchte, Gemüse und Kräuter ausgeschlossen sind. Sie sind eine stets willkommene Bereicherung.

Bei unserer Runde durchs Gärtla handhaben wir die Einteilung der Jahreszeiten übrigens nicht so streng wie der Kalender. Wir halten uns lieber an die Natur. Also wie wäre es mit einem kleinen Spaziergang durch die Jahreszeiten im Gärtla? Kommen Sie rein, die Tür steht offen.

Frühling auf ins Gärtla

Die Märzsonne kitzelt uns mit ersten warmen Strahlen. Krokusse, Märzenbecher und Narzissen öffnen ihre Blüten. »Im Märzen der Bauer die Rösslein einspannt …«, beginnt denn auch ein altes Volkslied.

Doch nicht nur die Landwirte starten in die neue Saison, auch die Gärtner zieht es mit aller Macht nach draußen. Denn sobald die Frühlingssonne die Böden ausreichend getrocknet und erwärmt hat, kann man im Garten mit der Aussaat der frühen Gemüsesorten beginnen. Je nach Bodenbeschaffenheit muss sich mancher Gärtner damit jedoch bis St. Benedikt (21. März) gedulden, an dem das Frühjahr ja auch kalendarisch beginnt.
Wer sich aber nicht streng an den Kalender halten mag, der kann es machen wie viele fränkische Gärtner: »Wenn die Erde nicht mehr an den Schuhen klebt, ist sie trocken genug zur Saat.«

Also frisch ans Werk: Beete vorbereiten, Töpfe und Kästen mit Erde füllen, Saatgut sortieren, Gartengeräte überprüfen. Und es gibt noch viel mehr zu tun: Nach dem langen Winter zieht es echte Gärtner im Frühling einfach zur eigenen Scholle. Ach, wie schön ist's doch im Gärtla!

»Willst du Gerste, Erbsen, Zwiebeln dick, dann säe an Sankt Benedikt.«

Kalte Sophie & Konsorten

Doch Vorsicht mit dem Setzen zarter Jungpflänzchen! Die Eisheiligen machen so manch emsigem Gärtner einen Strich durch die Rechnung. Rund um die Namenstage von Pankratius, Servatius, Bonifatius und Sophie vom 12. bis 15. Mai tritt in Mitteleuropa gerne eine kalte Wetterlage ein. Erst nach der »Kalten Sophie« (15. Mai) stabilisiert sich das milde Frühlingswetter meist, und die Zeit der Nachtfröste ist endgültig vorbei.

Und dann können wir endlich wieder alles nach Herzenslust anpflanzen und Frisches genießen. Das Frühjahr verwöhnt uns mit vielen Kräutern und mit Salat in sattem Grün. Rettich und Radieschen kitzeln unseren Gaumen mit prickelnder Schärfe, der Rhabarber mit fruchtiger Säure. Im Mai reifen die ersten Erdbeeren heran, und gegen Ende des Frühlings verführen uns leuchtend rote Kirschen.

Kräuter

Mit zarten grünen Blattspitzen künden sie vom Frühling: Kräuter dürfen in keinem Garten fehlen. Als Würz- und Heilpflanzen werden sie schon seit jeher genutzt und geschätzt. Kräuter geben Speisen erst die richtige Würze, sie fördern die Gesundheit, sind wichtige Partner in der Mischkultur, helfen Schädlinge und Krankheiten von Pflanzen fernzuhalten und sind noch dazu hübsch anzusehen.

Deshalb kann man sie im Garten auch gut zwischen Rosen, im Staudenbeet oder im Steingarten einsetzen. Wo genug Platz vorhanden ist, legt man ein eigenes Kräuterbeet an. Aber auch ein Plätzchen auf der Terrasse oder dem Balkon genügt für ein paar Kräuter im Topf, in einer Ampel oder im Balkonkasten.

Kräuter im Garten

Die meisten unserer Gartenkräuter stammen eigentlich aus dem Mittelmeerraum. Folglich lieben sie viel Sonne, brauchen aber wenig Feuchtigkeit und Nährstoffe. Bei zu üppigem Nährstoffangebot und zu wenig Sonneneinstrahlung bilden die Pflanzen zwar Blattmasse, aber wenig Aromastoffe.

S. 164
Kräuterbeet

Doch wie überall gibt es auch hier Ausnahmen: Borretsch, Portulak, Liebstöckel und die Minzearten gedeihen besser im Halbschatten und bei reichlich Feuchtigkeit.

Vom Anbau her teilt man die Kräuter in drei Gruppen ein: Einjährige, Zweijährige und Stauden.

Die Einjährigen

Sie können den Winter nicht überdauern und müssen jedes Jahr neu gesät werden. Borretsch, Dill, Kapuzinerkresse und Kerbel samen sich leicht selbst aus und tauchen auch ohne unser Zutun immer wieder im Garten auf. Die anderen Kräuter werden im Frühjahr entweder in Töpfen vorkultiviert oder in Reihen auf ein vorbereitetes Saatbeet gesät. Zu dicht stehende Jungpflanzen dünnt man aus oder verpflanzt sie an eine andere Stelle, zum Beispiel als Partner in die Mischkultur.

Basilikum *(Ocimum basilicum)* keimt sehr langsam und wird deshalb besser in Töpfchen vorgezogen. Es gibt Sorten mit grünen Blättern, welche mit roten, kleinblättrigen Basilikum, der besonders aromatisch ist, und solchen mit Zitronenaroma. In der Mischkultur passt er zu Gurken und Tomaten.

Einjähriges Bohnenkraut *(Satureja hortensis)* kann ab Mai direkt aufs Beet gesät werden. Am besten bekommt es seinen Platz neben den Bohnen, wo es die Läuse abwehrt.

Dill *(Anethum graveolens)* sät man mehrmals in Abständen, um stets frisches Kraut zu haben. Er fördert das Wachstum von Gelben Rüben, Petersilie und Gurken.

Kresse *(Lepidium sativum)* wird meist in Töpfen oder Schalen gesät. Sie gedeiht aber auch im Garten und passt gut neben die Radieschen.

Die Zweijährigen

Sie zeichnen sich dadurch aus, dass sie im ersten Jahr nur Blätter bilden und im zweiten Jahr Blüten entwickeln.

Beim ***Kümmel*** *(Carum carvi)*, dessen Samen wir ja ernten wollen, müssen wir uns also so lange gedulden, bis er geblüht hat.

Petersilie *(Petroselinum crispum)* – in Franken liebevoll »Peterle« genannt – ist ebenfalls zweijährig. Ihre Blätter sollte man aber schon im ersten Jahr ernten, da sie nach der Blüte ungenießbar werden. Deshalb ist es sinnvoll, jedes Jahr frische Petersilie zu säen. Da die Samen sehr langsam keimen, mischt man einige Körner der schnell wachsenden Radieschen darunter, um die Reihen zu markieren.

Die Langjährigen

Diese ausdauernden Pflanzen können viele Jahre an ihrem Platz bleiben. Für den Hausgebrauch genügt meist 1 Exemplar der jeweiligen Gewürzpflanze. Eine Aussaat lohnt sich nicht. Manche dieser ausdauernden Kräuter – zum Beispiel Salbei oder Lavendel – wachsen strauchartig und sollten jährlich zurückgeschnitten werden, damit sie nicht zu sparrig werden. Von anderen – Bärlauch und Liebstöckel etwa – sterben die Blätter im Herbst ab und treiben im Frühjahr neu aus.

Der Klassiker unter den staudigen Gewürzen ist der ***Schnittlauch*** *(Allium schoenoprasum)*. Schon früh im Jahr liefert er frisches Grün, das mit seinem hohen Gehalt an Vitamin C die Wintermüdigkeit vertreibt. Am Ende des Jahres kann man eine Schnittlauchpflanze ausgraben und im Topf ins Haus holen, um noch vom Fensterbrett frische Blätter zu ernten.

Der ***Bärlauch*** *(Allium ursinum)* ist in den letzten Jahren in Mode gekommen. Eigentlich ein Wildkraut aus feuchten Auwäldern,

kann er auch im Garten kultiviert werden. Er braucht einen schattigen, feuchten Platz, wo er sich ausbreiten darf.

Minze *(Mentha)* und Melisse *(Melissa)* gibt es in vielen Geschmacks- und Duftrichtungen. Alle fühlen sich an einem feuchten Standort wohl. Allerdings verbreiten sich Minzen durch Ausläufer sehr stark, Melissen versamen sich gerne. Dadurch können sie schnell lästig werden.

Die typischen »Südländer« ***Oregano***, ***Rosmarin***, ***Salbei*** und ***Thymian*** gehören ebenfalls zu den ausdauernden Kräutern. Nur der Rosmarin ist in unseren Breiten nicht ganz frosthart. Leider ist er auch im Haus nicht leicht zu überwintern, denn er vertrocknet gerne in geheizten Räumen. Für die mediterrane Küche sind diese Gewürze unentbehrlich. Mit ihren silbriggrauen Blättern sind sie ein dekorativer Begleiter für Rosen, von denen sie gleichzeitig Läuse fernhalten.

Erntezeit

Frische Kräuter können Sie die ganze Saison hindurch ernten. Der ideale

Zeitpunkt dafür ist ein sonniger Vormittag, wenn die Feuchtigkeit der Nacht abgetrocknet ist. Zu dieser Tageszeit haben die Kräuter das intensivste Aroma. Am besten schneiden Sie Blätter oder kleine Zweige mit einer Schere ab.

Wollen Sie aber Kräuter für den Vorrat trocknen, warten Sie mit der Ernte bis kurz vor der Blüte. Samen sammeln Sie zur Mittagszeit, dann ist ihr Wirkstoffgehalt am höchsten.

Kräuter für die Küche

Was gibt es Schöneres als mit frischen, duftenden Kräutern zu kochen! Nach der Ernte müssen sie aber rasch verbraucht werden, sonst ist ihr charakteristisches Aroma weg.

Spülen Sie die Kräuter zunächst im Bund kalt ab und schütteln oder schleudern Sie die Stängel oder Zweige gut trocken. Dann können Sie die Blättchen abzupfen oder gegen die Wuchsrichtung abstreifen. Zerkleinert werden die Blättchen erst kurz vor der Verwendung, mit einem scharfen Messer, Schnittlauch auch mit einer Schere. Basilikum zerzupft man mit den Fingern.

Kräuter für den Vorrat

Wer gerne kocht, weiß einen Vorrat an getrockneten oder tiefgekühlten Kräutern zu schätzen – besonders in der kalten Jahreszeit.

Das Trocknen ist die traditionelle Art der Haltbarmachung. Dafür werden Kräuterzweige zu Sträußchen gebunden und einige Tage an einem schattigen, luftigen Ort ohne direkte Sonneneinstrahlung aufgehängt. Die Kräuter sind trocken, wenn die Sträußchen beim Hineinfassen rascheln. Dann die Blättchen abstreifen und in Schraubgläsern dunkel aufbewahren.

Getrocknete Kräuter sind etwa zwölf Monate haltbar. Besonders gut dafür eignen sich Bohnenkraut, Dill, Liebstöckel, Majoran, Minze, Oregano, Rosmarin, Thymian, Salbei und Zitronenmelisse. Basilikum und Petersilie dagegen verlieren stark an Geschmack.

Das Tiefkühlen konserviert Aroma, Inhaltsstoffe und Farbe ausgezeichnet. Sie können Kräuter ganz oder gehackt, nach Sorten getrennt oder gemischt in Gefrierbehältern einfrieren. Eine feine Alternative sind Kräuterwürfel. Dafür füllen Sie die Fächer eines Eiswürfelbehälters zu je zwei Dritteln mit gehackten Kräutern und gießen mit Wasser auf. Nach dem Frieren verpacken Sie die Würfel lose in einen Gefrierbeutel.

Tiefgekühlte Kräuter sind etwa sechs Monate haltbar. Gut einfrieren lassen sich Schnittlauch, Dill, Estragon, Koriander, Fenchel, Liebstöckel, Minze, Basilikum, Majoran, Oregano, Petersilie, Bohnenkraut und Thymian.

Frühlingsfrische Kräutersuppe

In vielen Familien wird am Gründonnerstag traditionell ein grünes Gericht aufgetischt. Da kommt diese leuchtend grüne Suppe aus den ersten Gartenkräutern gerade recht. Es heißt übrigens, dass Kräuter, die am Gründonnerstag gegessen werden, eine besondere Heilwirkung besitzen. Ausprobieren!

Für 4 Personen

250 g gemischte junge Gartenkräuter (z. B. Petersilie, Schnittlauch, Sauerampfer, Bärlauch, Gartenkresse, Kerbel, Dill)
1 mittelgroße Zwiebel
1 kleine Knoblauchzehe
40 g Butter
2 EL Mehl
800 ml Gemüsebrühe
200 g Sahne
Salz, Pfeffer
frisch geriebene Muskatnuss
1 Prise Zucker

Die Kräuter waschen, trocken schleudern und die Blätter grob hacken. 4 Esslöffel davon beiseitelegen. Zwiebel und Knoblauch schälen und fein hacken.
Die Butter in einem Topf erhitzen. Zwiebel und Knoblauch darin glasig dünsten. Mit Mehl bestäuben und unter Rühren kurz anschwitzen. Die Hälfte der Brühe und die Sahne zugießen. Alles unter Rühren aufkochen und bei mittlerer Hitze 5 Minuten köcheln lassen. Mit Salz, Pfeffer und Muskat würzen.
Inzwischen die Kräuter mit der restlichen Brühe im Mixer fein pürieren. Das Kräuterpüree langsam in die heiße Suppe rühren. Alles kurz erwärmen, aber nicht mehr kochen lassen. Die Suppe nochmals mit Salz, Pfeffer, Muskat und Zucker abschmecken. Portionsweise anrichten und mit den restlichen Kräutern bestreuen.
Und dazu: Wer mag, serviert noch frisch geröstete Croûtons, ein paar Würfelchen Eierstich oder frisches Brot dazu.

Grüne Sauce

In Italien steht sie als »Salsa verde« auf der Speisekarte, in Deutschland gilt sie als Frankfurter Spezialität, mindestens sieben verschiedene Kräuter müssen drin sein. Die Grüne Sauce war auch schon Goethes Lieblingssauce.

Für 4 Personen

300 g frische gemischte Kräuter (z. B. Petersilie, Schnittlauch, Sauerampfer, Kresse, Kerbel, Dill, Borretsch, Estragon, Liebstöckel, Zitronenmelisse)
2 mittelgroße Zwiebeln
1 EL Essig
2 EL Öl
250 g Sauerrahm
Salz, Pfeffer, Zucker
4 hart gekochte Eier

Die Kräuter waschen, trocken schleudern und die Blätter so fein wie möglich schneiden. Die Zwiebeln schälen und fein hacken.
Kräuter und Zwiebelwürfel in eine Schüssel geben. Essig, Öl und Sauerrahm unterrühren. Mit Salz, Pfeffer und Zucker würzen. Die Sauce abdecken und mindestens 1 Stunde im Kühlschrank durchziehen lassen.
Die Eier pellen, grob hacken und in die Sauce rühren. Diese nochmals abschmecken und 15 Minuten durchziehen lassen.

Und dazu: Perfekt zu gekochtem Rindfleisch, gedünstetem Fisch, gekochtem Spargel und Pellkartoffeln, am besten aus neuer Ernte. Wenn Sie die Sauce besonders cremig mögen, ersetzen Sie 150 g Sauerrahm durch Mayonnaise.

Schnelle Salbeinudeln

Kräuter sind perfekt für die schnelle Küche. Kurz erwärmt geben sie ihr ganzes Aroma preis.

Für 4 Personen

4 Stängel Salbei
1 kleine rote Chilischote
1 kleine Knoblauchzehe
400 g Spaghetti
75 g Butter
1 TL Öl
Salz, Pfeffer
80 g frisch gehobelte Parmesanspäne

Die Salbeistängel waschen, trocken schütteln und die Blättchen abzupfen. Einige Blättchen beiseitelegen. Die Chilischote waschen, putzen und nach Wunsch entkernen. Den Knoblauch schälen. Chili und Knoblauch fein hacken.
Die Nudeln in reichlich kochendem Salzwasser nach Packungsangabe bissfest garen.
Inzwischen Butter und Öl in einer Pfanne erhitzen. Die Chili- und Knoblauchwürfelchen darin andünsten. Die Salbeiblätter unterheben. Die Salbeibutter vom Herd nehmen und kurz ziehen lassen. Mit Salz und Pfeffer würzen.
Die Nudeln in ein Sieb abgießen und unter die heiße Salbeibutter mischen. Die Parmesanspäne unterheben. Die Salbeinudeln portionsweise anrichten und mit den restlichen Salbeiblättchen bestreuen. Sofort servieren.

Caipirinha-Limonade

Bei diesem Drink dürfen auch Kinder ohne nachzudenken zugreifen. Minze und Melisse machen ihn besonders erfrischend.

Für 4 Personen

1 Bund Minze
1 Bund Zitronenmelisse
1 Vanilleschote
4 Bio-Zitronen
4 TL brauner Rohrzucker
Eiswürfel

Minze und Zitronenmelisse waschen und trocken schütteln. Jeweils die Hälfte in eine Kanne geben und mit 1 l kochendem Wasser übergießen. Die Vanilleschote längs aufschlitzen und zugeben. Den Tee 15 Minuten ziehen lassen, dann durch ein Sieb abgießen.
Restliche Minze und Zitronenmelisse grob hacken. Die Zitronen heiß abwaschen, abtrocknen und in grobe Stücke schneiden. Kräuter und Zitronenstücke auf 4 hohe Gläser verteilen.
Jeweils 1 Teelöffel Zucker und einige Eiswürfel zugeben und mit dem abgekühlten Tee aufgießen. Sofort servieren.

Rhabarber

Stämmige Stängel, ausladendes Blattwerk – majestätisch steht der Rhabarber im Garten. Ab April liefert er uns im Frühjahr die erste fruchtige Ernte des Jahres. Wobei fruchtig nicht ganz wörtlich zu nehmen ist, denn wir verspeisen ja die Blattstiele, nicht die Frucht der Pflanze. Deshalb zählt Rhabarber auch zu den Blattstielgemüsen, obwohl er wegen seiner Verwendung landläufig eher als Obst betrachtet wird.

Vom Fremdling zum Filmstar

Der Rhabarber kommt ursprünglich aus dem asiatischen Raum. Schon vor über 4.000 Jahren wurde er in China als Heilpflanze angebaut. Dort nutzte man vor allem seinen Wurzelstock – als Abführmittel. Im Gepäck von Karawanen gelangten die ersten Pflanzen dann über die Seidenstraße nach Westen.

Verantwortlich für seinen heutigen Namen sind die antiken Griechen: Sie nannten ihn *barbaros* (Fremdling) von der *Rha*, wie die Wolga früher hieß. In ihrem Mündungsgebiet wurde die »fremdländische Wurzel« seinerzeit angebaut.

Bei uns in Europa dagegen ist der Rhabarber noch gar nicht so lange heimisch: Erst Mitte des 18. Jahrhunderts entdeckten die Engländer, dass man seine fleischigen Stängel essen kann. Im 19. Jahrhundert hielt er dann endlich in deutsche und fränkische Gärten Einzug. Zu Ruhm gelangte der Rhabarber in der Zeit des frühen Tonfilms. War beim Drehen eine gleichmäßige, aber lebhafte Geräuschkulisse notwendig, wurden die Statisten angewiesen, ununterbrochen »Rhabarber, Rhabarber …« zu sagen. Noch heute benutzt die Umgangssprache diesen Ausdruck, wenn es gilt, etwas als undeutliches Gemurmel oder sinnloses Geschwätz abzutun.

Rhabarber im Garten

Der ***Rhabarber*** *(Rheum rhabarbarum)* gehört in die Familie der Knöterichgewächse *(Polygonaceae)*. Er bildet einen fleischigen Wurzelstock, der große Blätter mit dicken roten oder grünen Blattstielen hervorbringt. Die Pflanze ist so wuchsfreudig, dass meist ein Exemplar ausreicht, um den Bedarf einer Familie zu decken.

Die großen Blätter sind ungenießbar – eignen sich aber wunderbar zur Bodenabdeckung. Sie verdunsten viel Wasser, weshalb der Rhabarber am besten auf lehmigem Boden mit guter Wasserversorgung gedeiht.

Vor der Pflanzung wird tief gelockert und die Erde mit Kompost, Mist oder anderen organischen Nährstoffen angereichert. Im ersten Jahr werden noch keine

Blätter geerntet, damit die Pflanze kräftig wird. Im zweiten Jahr beginnt die Ernte im April, wenn die ersten Blätter voll ausgebildet sind. Die Blattstiele werden vorsichtig an der Basis abgedreht, nicht geschnitten. Auch entfernt man nie mehr als die Hälfte der Blätter einer Pflanze, um sie nicht zu sehr zu schwächen – sie soll ja ständig neue Blätter bilden. Um Johanni (24. Juni) endet die Erntezeit. Der Rhabarberstock soll sich jetzt erholen und Kraft fürs nächste Jahr schöpfen. Deshalb wird jetzt auch gedüngt.

Im Sommer kann der Rhabarber Blüten bilden. Diese hohen Blütenschöpfe sehen sehr dekorativ aus. Die Blüten- und Samenbildung kostet die Pflanze aber auch viel Kraft, deshalb empfiehlt es sich, sie rechtzeitig auszubrechen. Ab August ziehen die Pflanzen ihre Blätter ein und gehen in die Ruhephase.

Rhabarber treiben

Wer möchte, kann die Ernte durch Treiben verfrühen. Wenn im März die ersten Triebknospen erscheinen, werden sie mit einem Eimer oder schwarzer Folie bedeckt. Unter der Abdeckung wachsen die Stängel schneller und können so etwa zwei Wochen früher geerntet werden. Durch den Lichtmangel bleiben sie außerdem bleich und bilden weniger Säure. In England werden für die Treiberei traditionell hohe Tongefäße verwendet, die man über die Pflanzen stülpt. Sie können auch für andere Gemüsearten (z. B. Chicorée, Endivien) genutzt werden und sehen, auch wenn sie nicht im Einsatz sind, im Garten sehr hübsch aus.

Rhabarber in der Küche

Wahre Fans knabbern ihn am liebsten roh aus der Hand, vielleicht noch mit etwas Zucker zum Dippen. Rhabarber ist aus der Frühlingsküche kaum wegzudenken. Mit seinen Mineralstoffen und viel Vitamin C gilt er als gesundes Frühjahrsgemüse, das entschlackt und die Verdauung ankurbelt.

Die fruchtig-sauren Stangen schmecken wunderbar in Konfitüre, Dessert oder Kuchen. Entscheidend für den Geschmack ist übrigens die Farbe: Je rotfleischiger die Stangen, desto milder sind sie. Aber: Wer Rhabarber nur für Süßes verwendet, hat etwas versäumt. Seine feine Säure passt nämlich auch hervorragend zu Fleisch und Fisch.

Apropos Säure

Die Säure ist sein Markenzeichen. Doch leider enthalten die Rhabarberstiele auch Oxalsäure. Sie macht sich beim Essen

schnell bemerkbar: Die Zähne werden stumpf. Oxalsäure aber greift nicht nur den Zahnschmelz an, sondern verbindet sich im Körper mit dem Kalzium aus der Nahrung zu unlöslichem Kalziumoxalat. Damit ist das Kalzium für den Körper verloren, denn er kann es in dieser Form nicht mehr aufnehmen. Aus diesem Grund sollten Sie Rhabarber nicht täglich essen und auch nur in mäßigen Mengen. Wer Probleme mit Rheuma, Arthritis, Gicht, Gallen- oder Nierensteinen hat, verzichtet besser ganz darauf.

Richtig putzen

Bei der Zubereitung helfen zwei einfache Tricks gegen die lästige Oxalsäure: schälen und erhitzen. Bei frisch geerntetem Rhabarber trennen Sie zuerst die Blätter von den Stielen und entfernen den Stielansatz am unteren Ende. Dann waschen Sie die Stangen und ziehen die faserige Haut mit einem kleinen Messer von unten her ab. Zugegeben, das ist etwas Arbeit, aber eben dieses Schälen befreit den Rhabarber von einem großen Teil der Oxalsäure. Die »nackigen« Stangen werden dann in Stücke oder Würfel geschnitten und je nach Rezept verwendet. Und auch wenn echte Liebhaber anderer Meinung sind: Garen Sie den Rhabarber immer vor dem Verzehr, denn das Erhitzen zerstört die verbliebene Oxalsäure weitgehend.

Wenn Sie den Rhabarber dann noch mit Milchprodukten wie Joghurt, Quark und Sahne oder milchhaltigen Speisen wie Pudding, Vanillesauce oder Milchreis kombinieren, können Sie es sich schmecken lassen. Sie mildern seine Säure und gleichen den Kalziumhaushalt des Körpers wieder aus.

Zum Aufbewahren wickeln Sie die Stangen in ein feuchtes Tuch. So bleiben sie im Gemüsefach des Kühlschranks etwa drei Tage frisch. Geputzt und blanchiert lässt sich Rhabarber auch gut tiefkühlen und ist so bis zu 1 Jahr haltbar.

Schweinemedaillons mit Rhabarbergemüse

Hier darf der Rhabarber sein, was er eigentlich ist: ein Gemüse.

Für 4 Personen

100 g Zucker
50 g Butter
6 EL Apfelessig
20 grüne Pfefferkörner (aus dem Glas)
500 g Rhabarber
Salz, Pfeffer
1 Schweinelende
4 EL Öl

Zucker, Butter, Apfelessig und Pfefferkörner in einer Pfanne aufkochen und 5 Minuten kochen lassen.
Inzwischen die Rhabarberstangen waschen, schälen und in Würfel schneiden. Die Würfel in den Sud geben und 5–6 Minuten sanft köcheln lassen. Mit Salz und Pfeffer würzen und das Gemüse warm halten.
Die Lende in Medaillons schneiden und salzen. Das Öl in einer zweiten Pfanne erhitzen. Die Medaillons ins heiße Öl legen und bei mittlerer bis starker Hitze von jeder Seite 3–5 Minuten kräftig braten. Medaillons und Rhabarbergemüse auf 4 Tellern anrichten und sofort servieren.

Rhabarber mit Orange und Honig

Der saure Rhabarbergeschmack wird häufig mit Zucker gemildert. Aber es geht auch anders: mit Orangensaft. Er nimmt dem Rhabarber seine Säure und gibt ihm gleichzeitig Süße.

Für 4 Personen

300 g Rhabarber (am besten rotfleischig)
1 Bio-Orange
2 EL Honig
400 g Vanillejoghurt
(selbst gemacht oder gekauft)
zum Servieren

Die Rhabarberstangen waschen, schälen und in 2 cm lange Stücke schneiden. Die Orange heiß abwaschen und trocken tupfen. Die Schale abreiben, die Frucht auspressen. 60 ml Saft abmessen.
Rhabarberstücke, 1 Teelöffel Orangenschale, Orangensaft, Honig und 2 Esslöffel Wasser in einem Topf mischen. Bei mittlerer Hitze zum Köcheln bringen. Dann zugedeckt bei schwacher Hitze 5–8 Minuten garen, bis der Rhabarber weich ist, aber noch nicht zerfällt. Dabei gelegentlich umrühren.
Den Rhabarber in eine Schüssel füllen und 15 Minuten ins Gefrierfach stellen. Regelmäßig behutsam umrühren. Das abgekühlte Rhabarberkompott und den Vanillejoghurt abwechselnd in 4 Gläser schichten. Sofort servieren.
Und dazu: Für hausgemachten Vanillejoghurt 400g Naturjoghurt oder griechischen Joghurt (10 % Fett) mit dem Mark von 1 Vanilleschote cremig rühren. Mit Zucker oder Honig nach Geschmack süßen und bis zur Verwendung kalt stellen.

Rhabarberkuchen mit Baiser

Ein Blech voll Glück und ein feiner Kuchen für alle, die in der Rhabarberzeit Geburtstag haben.

Ergibt 20 Stücke

Für den Boden:
250 g kalte Butter + Fett fürs Blech
500 g Mehl + Mehl zum Arbeiten
1/2 Päckchen Backpulver
150 g Zucker
1 Prise Salz
Milch nach Bedarf

Für den Belag:
2 kg Rhabarber
6 Eigelb
200 g Zucker
80 g gemahlene Nüsse,
Mandeln oder Kokosflocken

Für das Baiser:
6 Eiweiß
180 g Zucker
etwa 100 g Mandelblättchen
zum Bestreuen

Die Butter in Stückchen teilen. Mehl, Backpulver, Zucker, Salz und die Butterstückchen rasch zu einem glatten Teig verkneten. Bei Bedarf etwas Milch untermengen. Den Teig in Frischhaltefolie wickeln und 20 Minuten kühl stellen.
Für den Belag die Rhabarberstangen waschen, schälen und in Stücke schneiden. Eigelbe und Zucker dickschaumig schlagen. Die Nüsse einrühren und die Rhabarberstücke unterheben.
Den Backofen auf 180 °C (Umluft 160 °C) vorheizen. Ein Backblech fetten. Den Teig auf der bemehlten Arbeitsfläche ausrollen und aufs Blech legen. Die Rhabarbermasse gleichmäßig darauf verstreichen. Den Kuchen im Ofen (Mitte) 30 Minuten backen.
Inzwischen für das Baiser die Eiweiße steif schlagen. Dabei den Zucker esslöffelweise zugeben.
Den Kuchen aus dem Ofen nehmen. Das Baiser wolkenartig darauf verteilen und mit den Mandelblättchen bestreuen. Den Kuchen nochmals 15 Minuten backen.

Rhabarber-Chutney

Rhabarberkonfitüre kennt jeder. Aber wie wäre es einmal mit einer pikanten Version? Dieses Chutney ist perfekt für die kommende Grillsaison – und auch ein schönes Mitbringsel, wenn Sie an den Grill eingeladen sind.

Ergibt etwa 8 Gläser à 250 ml

1 kg Rhabarber
250 g Zwiebeln
250 g Sultaninen
14 g Senfkörner
3/4 TL gemahlener Ingwer
1/4 TL Zimt
1 TL Pfeffer
1 TL Salz
1/4 TL Cayennepfeffer
375 ml Weinessig
750 g brauner Zucker

Die Rhabarberstangen waschen, schälen und in kleine Stücke schneiden. Die Zwiebeln schälen und sehr fein hacken.
Rhabarber, Zwiebeln, Sultaninen, Gewürze und Essig in einem großen Topf mischen und aufkochen. Dann erst den Zucker langsam einrieseln lassen. Den Rhabarber bei schwacher Hitze 2–3 Stunden köcheln lassen, bis das Chutney dick ist und eine marmeladenähnliche Konsistenz hat.
Das Chutney sofort in vorbereitete Schraubgläser füllen und verschließen.
Und dazu: Schmeckt fantastisch zu kurz gebratenem Fleisch, zu Bratwurst und Käse.

Erdbeeren oder »Brestli«

Anfang Juni ist es endlich wieder so weit: Im Garten sind die Erdbeeren reif. Wer liebt sie nicht, diese köstlichen, leuchtend roten Früchte? Sie markieren den Beginn des Sommers wie kein anderes Obst. Frisch von der Staude genascht, noch warm von der Sonne – das ist Gartengenuss pur! Aber die Saison ist kurz: Spätestens Mitte Juli ist schon wieder Schluss.

Gruss aus der Steinzeit

In unseren Breiten sind Erdbeeren schon seit der Steinzeit heimisch, allerdings in Form der kleinen Walderdbeeren. Großfruchtige Erdbeerarten kamen erst im 18. Jahrhundert aus Amerika zu uns und wurden züchterisch weiterbearbeitet. Damals entstand die Urform aller heutigen Gartensorten, die *Fragaria ananassa*. Bis heute gibt es in Österreich und Süddeutschland die Bezeichnung »Ananas« oder »Gartenananas« für Erdbeeren. In Franken werden sie »Brestli« genannt. Dieser Name geht auf die französische Hafenstadt Brest zurück, in deren Umgebung die begehrten und kostbaren Früchte im 18. Jahrhundert in großem Stil angebaut und dann verschifft wurden.

Nuss, nicht Beere

Botanisch gehören die Erdbeeren zur großen Familie der Rosengewächse. Die Frucht, die wir essen, ist jedoch gar keine Beere, sondern der fleischig verdickte Blütenboden. Auf seiner Außenhaut sitzen viele kleine Nüsschen, die eigentlichen Früchte. Deshalb ist die Erdbeere wissenschaftlich betrachtet eine Sammelnussfrucht.

Die meisten Gartensorten sind einmaltragend, sie bilden also in einem begrenzten Zeitraum ihre Früchte. Im Fachhandel werden aber auch zweimaltragende Sorten angeboten, die im Frühjahr und im Herbst fruchten. Die Monatserdbeeren tragen den ganzen Sommer hindurch kleine aromatische Früchte, die an Walderdbeeren erinnern. Schließlich findet man noch Hängeerdbeeren, die in Blumenampeln angeboten werden.

Die Sortenvielfalt ist riesig. Lassen Sie sich vor dem Anlegen eines Erdbeerbeets unbedingt vom Fachmann beraten und achten Sie auf Qualitätspflanzen. Dann können Sie sich bestimmt über viele köstliche Früchte freuen.

Erdbeeren im Garten

Erdbeeren stammen aus dem lichten Mischwald, daraus ergeben sich ihre Ansprüche an den Standort: Das Beet sollte nicht in der prallen Sonne liegen, der Boden locker, humos und leicht sauer sein. Vor der Pflanzung wird das Beet deshalb gut vorbereitet und mit Kompost oder verrottetem Mist versorgt. Auch ein mineralischer Vorratsdünger, der seine Nährstoffe nur allmählich abgibt, ist geeignet.

Die optimale Pflanzzeit ist der August. Dann können die Pflänzchen noch vor dem Winter einwurzeln und bringen schon im Folgejahr einen guten Ertrag. Nach der Blüte im Frühjahr wird Stroh zwischen die Pflanzen gelegt, um die Früchte sauber und trocken zu halten.

S. 161
Erdsack-Kultur

Eine andere bewährte Methode ist die Kultur auf schwarzer Folie. Dafür wird das vorbereitete Beet mit schwarzer Lochfolie abgedeckt. Dann wird für jede Pflanze ein Kreuzschnitt in die Folie gemacht, der groß genug ist, um die Pflanze aufzunehmen und sie später auch gießen und düngen zu können. Die gelochte oder geschlitzte Mulchfolie bietet mehrere Vorteile: Durch die Schlitze kann Regenwasser eindringen, sie hält die Feuchtigkeit im Boden, erwärmt ihn schneller und hält die Früchte sauber.

Der richtige Abstand zwischen den Pflanzen beträgt 30 cm, der Reihenabstand 50–60 cm. Die Jungpflanzen dürfen nicht zu tief in die Erde gesteckt werden, die Herzknospe muss »den Himmel sehen können«. Wie immer beim Pflanzen gilt auch hier: Anschließend gut angießen, damit die Wurzeln mit Erde umspült werden.

Selbst vermehren

Die mehrjährigen Pflanzen treiben viele Ausläufer. Will man seine Erdbeeren vermehren, markiert man während der Ernte die Exemplare, die die schönsten Früchte tragen mit einem Stab. Ihre Ableger verwendet man dann als neue Jungpflanzen. Sie werden in Töpfchen gepflanzt, bis sie im August auf ein neues Erdbeerbeet umziehen. Nachdem die Früchte vollständig abgeerntet sind, werden alle Ranken und Ableger entfernt und die alten Blätter abgeschnitten. Damit schont man die Kräfte der Pflanzen und beugt Blattkrankheiten vor. Nach der Ernte ist auch der richtige Zeitpunkt zum Düngen, um die Pflanzen für die nächste Saison zu stärken.

Erdbeeren sind anfällig für Pilzkrankheiten, zum Beispiel für den gefürchteten Grauschimmel. Vorbeugend helfen da nur ein ausreichender Pflanzabstand und eine Mischkultur mit Knoblauch, Zwiebeln oder Lauch. Auch sollten Sie Ihre Pflanzen besser morgens als abends gießen, damit die Blätter vor der Nacht wieder ganz abtrocknen können.

Stehen Erdbeeren einige Jahre auf dem Beet, lassen ihr Wachstum und ihre Fruchtbarkeit nach. Deshalb sollten sie nicht länger als drei Jahre an einem Platz bleiben. Wenn Sie jedoch jedes Jahr einige neue Jungpflanzen setzen, haben Sie immer ein-, zwei- und dreijährige Pflanzen im Garten – und damit optimalen Ertrag. Und noch ein Tipp: Bevor Sie Erdbeeren zum zweiten Mal an die gleiche Stelle pflanzen, müssen mindestens fünf Jahre vergangen sein.

S. 161
Fruchtwechsel

Zeit zu ernten

Erdbeeren reifen nach der Ernte nicht mehr nach. Pflücken Sie die Beeren also vollreif, d. h. intensiv rot und ohne weißgelben Rand. Nur jetzt besitzen sie ihr volles Aroma und locken mit ihrem feinen Duft. Der ideale Zeitpunkt ist der frühe Morgen, wenn es noch schön kühl ist. Pflücken Sie die Früchte samt ihrer grünen Kelchblätter und einem Stück Stiel, um das Auslaufen von Saft zu verhindern. Spätestens mit der Mittagshitze endet die Ernte dann.

Erdbeeren in der Küche

Die vitaminreichen Früchtchen gelten vielen als Jungbrunnen, wirken sie doch wundheilend, stoffwechselanregend und harntreibend. In der Küche sind die Beeren ein Tausendsassa: Sie schmecken frisch, in Desserts, auf Kuchen, als Konfitüre, als Eis, in einer Bowle – oder auch mal pikant.

Doch die Königin der Beeren ist empfindlich! Eine ruppige Behandlung verzeiht sie nicht. Und sie ist leicht verderblich. Schon wenige Stunden nach der Ernte verliert sie Aroma, Saft und Form. Für die Küche heißt das: Möglichst sofort verbrauchen oder verarbeiten.

Zur Reinigung geben Sie die gartenfrischen Erdbeeren in ein Sieb und spülen sie kalt ab. Auf einem Tuch dürfen sie dann abtropfen oder werden behutsam trocken getupft. Erst dann entfernen Sie Stiele und Kelchblätter und zerkleinern die Früchte je nach Rezept.

Wenn Sie Ihrer Ernte gar nicht Herr werden, können Sie Erdbeeren auch tiefkühlen und so etwa zehn Monate lagern. Legen Sie die gewaschenen und geputzten Beeren dafür einzeln nebeneinander auf ein Tablett und stellen Sie es ins Tiefkühlgerät. Danach schichten Sie die Beeren in Gefrierdosen oder -beutel. So bleiben die Früchte in Form, kleben nicht zusammen und können einzeln entnommen werden. Für Konfitüre oder die schnelle Küche können Sie die Beeren gleich portionsweise als Püree einfrieren.

Erdbeer-Salat mit Mozzarella und Basilikum

Ungewöhnlich kombiniert, aber ungewöhnlich lecker. Erdbeeren bieten dem Gaumen nicht nur süße Geschmackserlebnisse.

Für 4 Portionen als Vorspeise

500 g Erdbeeren
3 Kugeln Mozzarella (à 125 g)
1 kleines Bund Basilikum
einige Salatblätter zum Anrichten
5 EL Erdbeer-Balsamessig
oder guter Aceto balsamico
5 EL Öl (z. B. Haselnussöl, Mandelöl)
Salz, schwarzer Pfeffer

Die Erdbeeren behutsam waschen und trocken tupfen. Die Früchte entkelchen und vierteln. Den Mozzarella abtropfen lassen und in Würfel schneiden. Das Basilikum waschen, trocken schütteln und die Blättchen abzupfen. Die Salatblätter waschen und trocken schleudern.
Die Salatblätter auf einer großen Platte auslegen. Erdbeerviertel und Mozzarellawürfel dekorativ darauf anrichten.
Essig, Öl und Salz zu einer Vinaigrette verquirlen. Diese über den Salat träufeln.
Die Basilikumblättchen darüberstreuen.
Den Salat mit grobem Pfeffer aus der Mühle übermahlen. Sofort servieren.
Und dazu: frisches Weißbrot.

Huhn mit Erdbeer-Limetten-Sauce

Eine frisch gemixte, aromatische Erdbeersauce ergänzt hier zartes Hähnchenfilet aus dem Ofen. Eine Paraderolle für Erdbeeren.

Für 4 Personen

2 EL Olivenöl
4 Hähnchenbrustfilets (à etwa 170 g)
Salz, Pfeffer
100 ml trockener Weißwein

Für die Sauce:
1 Bio-Limette
250 g Erdbeeren
1 EL frisch geriebener Ingwer
1 EL Honig
Cayennepfeffer

Den Backofen auf 200 °C (Umluft 180 °C) vorheizen. Das Olivenöl in einer ofenfesten Pfanne erhitzen und die Filets darin von beiden Seiten anbraten. Mit Salz und Pfeffer würzen und mit dem Wein ablöschen. Das Fleisch im Ofen (Mitte) 20 Minuten garen.
Für die Sauce die Limette heiß abwaschen und trocknen. Die Schale dünn abreiben, die Frucht auspressen. Die Erdbeeren waschen, trocken tupfen und entkelchen. Die Beeren mit Limettensaft und -schale, Ingwer und Honig im Mixer fein pürieren. Die Sauce mit Cayennepfeffer pikant abschmecken.
Die Hähnchenfilets aus dem Ofen nehmen und mit der Erdbeersauce servieren.
Und dazu: ganz schlicht etwas Brot und ein gemischter Blattsalat.

Erdbeer-Tiramisu

Tiramisu mögen alle gerne, besonders dann, wenn frische Erdbeeren drin sind. Servieren Sie es als Dessert oder zum Kaffee am Nachmittag. Essen Kinder mit, verwenden Sie statt Likör Orangensaft.

Für 4 Personen

500 g Erdbeeren
etwa 500 g Mandelkekse
(z. B. Cantuccini)
40 ml frisch gepresster Orangensaft
40 ml Orangenlikör
Puderzucker
Kakao zum Bestäuben

Für die Creme:
600 g Sahne
500 g Naturjoghurt
250 g Crème fraîche

Die Erdbeeren behutsam waschen und trocken tupfen. Die Früchte entkelchen und halbieren.
Eine flache Form mit den Keksen auslegen. (Die benötigte Menge richtet sich nach der Größe der Form). Orangensaft und Orangenlikör mischen und über die Kekse träufeln. Die Erdbeerhälften dicht an dicht darauflegen. Das Ganze dick mit Puderzucker bestäuben.
Für die Creme die Sahne steif schlagen. Joghurt und Crème fraîche verrühren. Die Schlagsahne unterheben. Die Creme gleichmäßig auf die Beeren streichen. Die Form mit Frischhaltefolie abdecken und mindestens 8 Stunden, besser über Nacht, im Kühlschrank durchziehen lassen. Zum Servieren mit Kakao bestäuben.
Und dazu: ein Espresso oder ein Tässchen Kaffee.

Zweifarbiges Erdbeereis

Für dieses erfrischende Eis brauchen Sie keine Eismaschine. Es ist schnell fertig, sieht toll aus und schmeckt immer – nicht nur den Kleinen. Nach der Erdbeersaison können Sie es auch mit anderen Gartenfrüchten zubereiten.

Ergibt 6 Stück

150 g Erdbeeren
1 Päckchen Vanillezucker
Saft von 1/2 Zitrone
40 g Zucker
200 g griechischer Sahnejoghurt (10 % Fett)

Die Erdbeeren behutsam waschen, trocken tupfen und entkelchen. Die Früchte grob zerkleinern und mit dem Vanillezucker pürieren. Das Püree in 6 Eisportionsförmchen füllen.
Zitronensaft und Zucker verrühren. Den Joghurt unterheben. Die Creme auf dem Erdbeerpüree verteilen. Stiele in die Förmchen stecken und das Eis etwa 4 Stunden tiefkühlen, bis es fest ist.

Erdbeerkonfitüre mit Holunderblüten

Wenn die Erdbeeren reifen, blüht auch der Holunder. Sirup aus seinen Blüten ist eine feine Zutat beim Konfitürekochen. Er unterstreicht das Fruchtaroma, ohne es zu überdecken.

Ergibt 5–6 Gläser (à 250 ml)

1 kg Erdbeeren
1–2 frische Holunderblütendolden
100 ml Holunderblütensirup
500 g Gelierzucker 2:1

Die Erdbeeren waschen, trocken tupfen und entkelchen. Die Beeren in kleine Würfel schneiden und 900 g abwiegen. Die Holunderblüten von den Dolden schneiden und in die Schraubgläser verteilen.

Erdbeerwürfel, Holunderblütensirup und Gelierzucker in einem großen Topf mischen. Unter Rühren aufkochen und etwa 4 Minuten sprudelnd kochen lassen. Die Konfitüre sofort in die vorbereiteten Schraubgläser füllen. Verschließen und die Gläser 5 Minuten auf den Deckel stellen. Umdrehen und abkühlen lassen.

Blattsalate

Der erste frische Salatkopf aus dem eigenen Garten ist der beste! Und welcher stolze Gartenbesitzer wünscht sich nicht das ganze Jahr über frischen Salat aus eigener Ernte. Bei der Vielzahl an Salatarten und Sorten ist das durchaus möglich.

Das Wort »Salat« stammt vom Vulgärlateinischen *insalata herba* für »in Salz eingelegtes Kraut« ab. Frisch gepflückte Blätter und Kräuter wurden also schon im alten Rom zum Verzehr mit Salz (lat. *sal*) gewürzt oder in Essig und Salz eingelegt. Mit der Ernte hatten es unsere Vorfahren allerdings nicht so leicht wie wir heute. Sie mussten noch Blättlein für Blättlein pflücken. Kopfbildende Salate kamen erst im 16. Jahrhundert auf.

Botanisch gehören die meisten Salate zu den Korbblütlern *(Compositae)* und lassen sich in zwei Gruppen einteilen: die Lattichsalate und die Zichoriensalate. Daneben kennen wir u. a. auch noch Salate aus Wildkräutern.

Lattich & Co.

Die Salate der Gattung *Lactuca* bieten die größte Vielfalt. Zu ihnen gehören der beliebte ***Kopfsalat***, die ***Schnitt-*** und ***Pflücksalate***, ***Batavia-***, ***Romana-***, ***Eisberg-***, ***Eichblattsalat*** und ***Lollo rosso*** und ***Lollo bianco***.

Typisch für die Lattiche ist der weiße Milchsaft, der beim Abschneiden austritt. Sie sind mild im Geschmack, da sie nur wenige Bitterstoffe enthalten. Die verschiedenen Sorten unterscheiden sich vor allem in der Blattform und Farbe. Es gibt grüne, fast weiße und rote Blätter, die glatt, gewellt oder gekraust sein können. Neben Kopfsalaten gibt es solche, die keine Köpfe bilden. Allen gemeinsam ist, dass sie nach der Ernte schnell welken und rasch verarbeitet werden müssen.

Lattich im Garten

Der Anbau der Lattichsalate ist unproblematisch. Sie gedeihen auf jedem humosen Gartenboden, ohne große Nährstoffansprüche zu stellen. Für die Kopfsalate braucht man kein eigenes Beet, sie können in jede Lücke gepflanzt werden. Im Freiland kann ab März gesät werden, im Gewächshaus oder auf dem Fensterbrett schon früher. Um das Saatgut möglichst dünn auszubringen, sind Saatbänder hilfreich. Sogar Pillensaatgut mit nur je einem Samenkorn ist erhältlich. Die Sämlinge der Kopfsalate werden später auf einen Abstand von 25 cm verpflanzt. Dabei dürfen die Pflänzchen jedoch nicht zu tief in die Erde kommen, damit das Herz nicht verfault. Nach 5–7 Wochen sind die Köpfe dann erntereif. Es empfiehlt sich, jede Woche einen Satz Salat zu säen, um kontinuierlich neue Pflanzen zu haben.

Die Schnitt- und Pflücksalate werden in Reihen gesät, müssen nicht verpflanzt und können laufend geerntet werden. Man entfernt dabei immer die äußeren Blätter und lässt die Pflanzen aus der Mitte nachwachsen.
Recht neu ist die sogenannte »Salatwiese«, eine bunte Mischung aus verschiedenen Schnittsalaten. Man sät sie in Kistchen oder Balkonkästen und erntet die jungen Blätter.

Im Hochsommer beginnen die Lattichsalate oft zu »schießen«, d. h. sie bilden einen Blütenstand und sind nicht mehr zart und schmackhaft. Dann ist die Zeit der Zichoriensalate gekommen.

Zichoriensalate

Die ***Zichorien*** *(Cichorium)* enthalten weniger Milchsaft, schmecken aber bitterer. In diese Gruppe gehören ***Chicorée***, ***Endivie*** und ***Radicchio***. Sie sind weniger kälteempfindlich und gut lagerfähig. Deshalb eignen sie sich besonders für den Herbstanbau.

Die Aussaat dieser Salatarten beginnt im Mai. Da sie Pfahlwurzeln bilden, möchten sie nicht gerne verpflanzt werden. Besser ist es, zu dicht stehende Sämlinge auszuzupfen. Ab Oktober werden die fertigen Salate geerntet. Komplett mit der Wurzel ausgegraben, können sie eingelagert werden und stehen noch im Winter zur Verfügung.
Chicoréewurzeln eignen sich zur Treiberei. Dafür werden sie in Eimer mit feuchtem Sand eingestellt und dunkel und kühl gehalten, bis sich die hellgrünen, spitzen Köpfe bilden.

Rucola

Von Frühjahr bis Herbst wächst im Garten der ***Rucola***. In der »Heimweh-Küche« der italienischen Gastarbeiter spielte er schon immer eine große Rolle. Und so gerne wir diese Küche hierzulande ab den 1960er-Jahren in Ristorante und Pizzeria kosteten, niemand kannte den deutschen Namen der schlanken grünen Blätter. Dabei lag dort auf den Tellern nichts anderes als die gute alte ***Salatrauke*** *(Eruca sativa)*, heute eben besser bekannt als Rucola.
Einst war die Salatrauke bei uns ein geschätztes Wildkraut. Als aber die Züchtung des Kopfsalats das lästige Bücken beim Pflücken überflüssig machte, fiel sie wohl der Bequemlichkeit zum Opfer. In der Küche wird die herb-nussige Rauke auch häufig als würzende Zutat verwendet. An einem geschützten Platz im Garten können Rucolapflanzen

überwintern und bringen so Jahr für Jahr frische Blätter hervor.

Feldsalat

Den Jahreskreis der Salate beschließt der ***Feldsalat*** *(Valerianella)*. Auch er ist ein Wildkraut. Seine deutschen Namen sind so zahlreich wie die regionalen Dialekte. In Franken heißt er »Schofsmeiala« (Schafmäulchen), weil er gerne von den wandernden Schafherden gefressen wird.

Im Garten sät man den Feldsalat ab Juli/August auf ein frei gewordenes Beet. Dort bleibt er über den Winter stehen. Er ist absolut frosthart und kann jederzeit geerntet werden, sofern man ihn mit Reisig oder Folie gegen Schnee geschützt hat.

Salat in der Küche

Salat enthält eine ganze Reihe lebensnotwendiger und gesundheitsfördernder Stoffe. Das Blattgemüse schmeckt als Vorspeise, als Beilage, als Hauptgericht – und auch mal warm. Nur eines ist wichtig: Salat sollte immer so frisch wie möglich auf den Tisch kommen. Sobald der Salatkopf aus dem Garten also auf dem Küchentisch liegt, ist Eile geboten. Besonders die Lattichsalate sind sehr empfindlich und werden schnell welk. Ihre Vitamine und Mineralstoffe sind dann dahin.

Zum Putzen entfernen Sie zuerst alle unansehnlichen, harten äußeren Blätter und Blattspitzen. Dann schneiden Sie den Strunk von unten keilförmig aus dem Salatkopf – und schon können Sie die einzelnen Blätter bequem ablösen. Bei Salaten ohne festen Strunk, z. B. Pflücksalat und Feldsalat, entfernen Sie einzelne welke oder verdorbene Blätter.
Die unzerkleinerten Salatblätter waschen Sie kurz und behutsam aber gründlich unter kaltem Wasser. Auf keinen Fall dürfen Sie sie lange wässern! Danach schütteln, schleudern oder tupfen Sie die Blätter gut trocken. Dabei helfen Sieb, Salatschleuder oder Küchentuch. Dieser Arbeitsgang ist wichtig, denn nur trockene Salatblätter nehmen die Salatsauce richtig auf.
Kurz vor dem Servieren werden die Salatblätter mundgerecht zerkleinert und dabei gleichzeitig derbe Blattrippen entfernt. Kopfsalat zerzupfen Sie mit den Fingern, Eissalat schneiden Sie in Streifen oder Stücke. Bei Feldsalat entfernen Sie verbliebene Wurzeln, aber nur so weit, dass ganze Blattrosetten erhalten bleiben.

Mainzander im Salatbett

Diesen Salat können Sie als Vorspeise oder als leichte Abendmahlzeit servieren. Statt mit Zander schmeckt er auch mit Forellen- oder Lachsforellenfilet.

Für 4 Personen als Vorspeise

400 g gemischter Salat (Batavia, Eichblatt, Radicchio, Frisée, Feldsalat)
350 g Mainzanderfilet
Salz
Zitronensaft
80 g Speck in Scheiben
1 EL Butter

Für die Vinaigrette:
1 kleine Schalotte
1 Bund gemischte Kräuter (Estragon, Kerbel, Petersilie, Schnittlauch)
1/2 TL grober Senf
Salz, Pfeffer
1 Prise Zucker
50 ml milder Rotweinessig
150 ml Olivenöl

Für die Vinaigrette die Schalotte schälen und in feine Streifen schneiden. Die Kräuter waschen, trocken schütteln und fein hacken. Senf, Salz, Pfeffer, Zucker und Essig in einer Schüssel verquirlen. Langsam das Öl unterschlagen. Schalotte und die Hälfte der Kräuter unterrühren. Nochmals abschmecken und beiseitestellen.
Den Salat putzen, waschen und trocken schleudern. Den Fisch kalt abspülen und mit Küchenpapier trocken tupfen. Eventuell verbliebene Gräten entfernen. Die Filets salzen, mit Zitronensaft beträufeln und in 2 cm breite Streifen schneiden.
Den Speck in schmale Streifen schneiden. Die Butter in einer Pfanne erhitzen und den Speck darin anbraten. Die Zanderfiletstücke zugeben und in etwa 3 Minuten von beiden Seiten braten.
Die Vinaigrette über den Salat träufeln und behutsam unterheben. Den Salat auf 4 Tellern verteilen. Die Zanderstücke darauf legen und mit der Speckbutter beträufeln. Mit den restlichen Kräutern bestreuen und sofort servieren.
Und dazu: frisch geröstetes Weißbrot.

Fränkischer Gartensalat

Ja, so ein frischer, bunter Salat erfreut des Franken Herz. Die Salatsorten können Sie natürlich variieren. Schauen Sie einfach in Ihrem Garten, welcher Salat gerade erntereif ist.

Für 4–6 Personen

3 Radieschen
2 Tomaten
1/2 Salatgurke
3 Frühlingszwiebeln
1 Bund gemischte Kräuter
1 Kästchen Kresse
1/2 Kopfsalat
100 g Eissalat
1 kleiner Kopf Radicchio
50 g Feldsalat

Für die Vinaigrette:
3–4 EL Weißweinessig
1/2 TL Salz
1/2 TL Zucker oder flüssiger Honig
Pfeffer
6 EL Raps- oder Sonnenblumenöl

Radieschen und Tomaten waschen. Die Radieschen in Scheiben, die Tomaten in Achtel schneiden. Die Gurke schälen und in Scheiben hobeln. Die Frühlingszwiebeln putzen, waschen und in Ringe schneiden. Die Kräuter waschen, trocken schütteln und die Blättchen fein hacken. Die Kresse vom Beet schneiden. Alle Salate putzen, waschen und trocken schleudern. Mit Radieschen, Tomaten, Gurke, Frühlingszwiebeln und Kräutern in eine große Schüssel geben.

Für die Vinaigrette Essig, Salz und Zucker mit dem Schneebesen gut verrühren. Mit Pfeffer würzen und das Öl unterschlagen. Die Vinaigrette kurz vor dem Servieren über den Salat träufeln und unterheben.

Und dazu: Was es gerade gibt, kurz gebratenes Fleisch, Fisch, Braten oder ganz schlicht Omelette, Pfannkuchen oder Bratkartoffeln.

Schichtsalat-Torte

Ein Schichtsalat ist ein Gericht für viele Personen. Perfekt also für Büfett, Gartenparty oder Sommerfest. Bereiten Sie ihn ruhig schon am Vortag zu, er braucht etwas Zeit zum Durchziehen.

Für 12 Personen

1 Kopfsalat
1 Salatgurke
2 Zwiebeln
4 Tomaten
5 hart gekochte Eier
8 Scheiben gekochter Schinken
½ Rettich oder 1 Bund Radieschen
8 Scheiben Emmentaler

Für das Dressing:
1 Bund gemischte Kräuter
450 g Naturjoghurt
3 EL Mayonnaise
Salz, Pfeffer, Zucker
1 Schuss Weißweinessig

Den Kopfsalat putzen, waschen und trocken schleudern. Die Gurke schälen und in Scheiben hobeln. Die Zwiebeln schälen und in Ringe schneiden. Die Tomaten waschen, die Stielansätze entfernen und in Scheiben schneiden. Die Eier pellen und ebenfalls in Scheiben schneiden. Den Fettrand vom Schinken schneiden. Den Rettich putzen, waschen und in Scheiben hobeln.
Den Rand einer Springform (26 cm Ø) auf eine Platte stellen. Den Boden der Form mit Salatblättern auslegen. Dabei die Stiele zur Mitte hin anordnen. Nacheinander Gurke, Zwiebeln, Tomaten, Eier, Schinken, Rettich und Käse einschichten. Jede Schicht behutsam andrücken. Den Schichtsalat abgedeckt mindestens 12 Stunden oder über Nacht durchziehen und sich setzen lassen.
Für das Dressing die Kräuter waschen und trocken schütteln. Die Blättchen fein hacken. Joghurt und Mayonnaise verrühren. Mit Salz, Pfeffer, Zucker und Essig würzig abschmecken. Die Kräuter unterheben.

Zum Servieren den Springformrand entfernen. Die Schichtsalat-Torte in 12 Stücke schneiden und auf Teller verteilen. Mit dem Dressing übergießen und sofort servieren.

Romanasalat aus der Pfanne

Dieser Salat wird in der Pfanne statt in der Salatschüssel zubereitet. Ein völlig neues Geschmackserlebnis.

Für 2 Personen als Beilage

1 rote Zwiebel (70 g)
4 EL Olivenöl
1–2 Köpfe Romanasalat (etwa 500 g)
2 EL Aceto balsamico
50 ml Gemüsebrühe
Salz, Pfeffer

Die Zwiebel schälen und in dünne Ringe schneiden. In einer großen Pfanne 2 Esslöffel Öl erhitzen. Die Zwiebelringe darin bei mittlerer Hitze glasig dünsten. Inzwischen den Salat putzen, waschen, trocken schleudern und in 3 cm breite Streifen schneiden.

Die Salatstreifen zu den Zwiebeln geben und 2–3 Minuten unter Wenden mitbraten. Mit Essig und Gemüsebrühe beträufeln und mit Salz und Pfeffer würzen. Das restliche Olivenöl unterheben und servieren.

Und dazu: kurz gebratenes Fleisch oder Fisch und ein Stück Brot.

Rettich und Radieschen

Im Frühjahr wächst noch eine ganz besondere Spezialität im Garten heran: der Rettich. In Franken und auch im restlichen Süddeutschland ist er quasi ein Grundnahrungsmittel. Denn was wäre ein Kirchweih- oder Volksfestbesuch ohne Bier, Rettich und Breze? Seit Generationen gehört der »Bierwurz« zum traditionellen Brotzeitangebot in süddeutschen Bierzelten und natürlich auf den gerne besuchten oberfränkischen Bierkellern. Etwa zeitgleich werden seine kleinen Brüder erntereif: die Radieschen.

Der Rettich

Die weiße Wurzel wurde schon im antiken Ägypten angebaut. Bereits damals verspeiste man sie als Salat mit Essig und Öl. Mit den Gartenkulturen der frühen Klöster gelangte der Rettich dann wohl über die Alpen. Von hier fand er schnell seinen Weg in die Hausgärten.

Der ***Gartenrettich*** *(Raphanus sativus)* ist ein Kreuzblütler und damit eng verwandt mit den Kohlarten. Darauf muss bei der Planung der Fruchtfolge geachtet werden. Im Samenhandel werden viele Sorten angeboten von weißen über rote und schwarze bis zu rosafarbenen und blauen Wurzeln. Seit einigen Jahren sind japanische Rettiche auf dem Markt. Sie werden bis zu 45 cm lang und schmecken sehr mild.

Rettich im Garten

Damit die Wurzeln ungehindert in die Tiefe wachsen können, muss der Boden locker und nicht zu lehmig sein. Die runden Samenkörner lassen sich einzeln in die Saatrille ablegen, wobei man einen Abstand von 15 cm einhalten sollte. Man hat die Wahl zwischen Frühsorten und hitzebeständigen Sommersorten für den späteren Anbau. Während des Wachstums braucht der Rettich gleichmäßige Feuchtigkeit. Bei Wassermangel werden die Wurzeln holzig. Als Schwachzehrer braucht er außer einer Kompostgabe keine Düngung.

Probleme bereitet die Rettichfliege, deren Larven wir als »Würmer« im Rettich finden. Dagegen helfen Netze, die man über die Beete legt.
Besonders auf schweren, lehmigen Böden tritt eine Pilzkrankheit auf: die Rettichschwärze. Sie verursacht schwarze, faulige Stellen rings um die Wurzeln, die dadurch unbrauchbar werden. Wo der Pilz aufgetreten ist, muss eine Anbaupause von 4–5 Jahren eingehalten werden.

Die japanischen Sorten sind wenig anfällig für die Rettichschwärze, schmecken aber für unseren Geschmack ziemlich fad.

Radieschen

Relativ neu in unseren Gärten ist das ***Radieschen*** *(Raphanus sativus var. sativus).* Es hat sich in Europa erst im 16. Jahrhundert eingebürgert. Der Verwandte des Rettichs ist unkompliziert, schnell wachsend und ein ideales Gemüse für das Kinderbeet. Am beliebtesten sind die roten runden Sorten, aber auch längliche, weiße oder sogar zweifarbige Sorten sind zu haben.

Der Anbau im Garten funktioniert wie beim Rettich. Radieschen werden gerne als Markiersaat für langsam keimende Gemüse, wie Petersilie und Gelbe Rüben, verwendet. Dabei legt man einige Radieschensamen mit in die Saatrille. Da diese schnell keimen, wird die Saatreihe bald erkennbar, und die Radieschen können geerntet werden, bevor die eigentliche Kultur den Platz beansprucht.

Rettich und Radieschen in der Küche

Im Rettich stecken viele Vitamine und Mineralien, er ist kalorienarm und wasserreich. Aufgrund seiner Senföle besitzt er eine brennende Schärfe. Doch gerade diese Senföle machen ihn in der Volksmedizin zu einem beliebten Mittel gegen Husten, Gallen-, Leber- und Verdauungsbeschwerden.

Auch für die – wesentlich mildere – Schärfe der Radieschen sorgen Senföle. Sie regen den Appetit an und fördern die Verdauung.
Rettich und Radieschen schmecken am besten roh als Salat, als Rohkost, in Quark oder Frischkäse. Beide lassen sich jedoch auch gut dünsten, z. B. für Suppen und als Gemüsebeilage.

Zum Putzen der Radieschen schneiden Sie die Blätter und die Wurzeln ab. Dann waschen Sie die kleinen Knollen. Beim Rettich entfernen Sie das Kraut und waschen ihn gut ab, am besten mit einer Gemüsebürste. Schälen müssen Sie ihn nicht, es sei denn, die Schale ist sehr holzig. Die Wurzel schneiden Sie dann in feine Scheiben oder als Spirale, die Sie anschließend fächerartig aufziehen. Sie können die Wurzel auch fein raspeln. Scheiben, Spirale oder Raspel werden gesalzen, sodass der Rettich Wasser zieht. Das vermindert seine brennende Schärfe. Ach ja: Sobald der Rettich aufgeschnitten und gesalzen ist, muss er rasch serviert werden.

Bierkeller-Wurstsalat

Rettich mit Brot, Butter und Salz gehört zur traditionellen Brotzeit auf den fränkischen Kellern. Probieren Sie die weiße Wurzel zum Abendessen mal in einem kräftigen Wurstsalat. Dazu noch »a Seidla« Bier – und die Welt ist in Ordnung!

Für 4 Personen

250 g Emmentaler
350 g Fleischkäse in dünnen Scheiben
200 g Rettich
2 rote Zwiebeln
1 Bund Schnittlauch

Für die Vinaigrette:
3–4 EL Weißweinessig
2–3 TL mittelscharfer oder süßer Senf
8 EL Rapsöl
Salz, Pfeffer

Den Käse in Streifen, den Fleischkäse in 1 cm breite Streifen schneiden. Den Rettich putzen, waschen und in feine Scheiben hobeln. Die Zwiebeln schälen und in feine Streifen schneiden. Den Schnittlauch waschen, trocken schütteln und in Röllchen schneiden. Alles in eine Schüssel geben.
Weißweinessig, Senf, Öl und 2 Esslöffel Wasser verquirlen. Die Vinaigrette mit Salz und Pfeffer würzen. Über den Salat träufeln und gut unterheben. Den Salat mit Salz und Pfeffer abschmecken.
Und dazu: Brot oder Brezen.

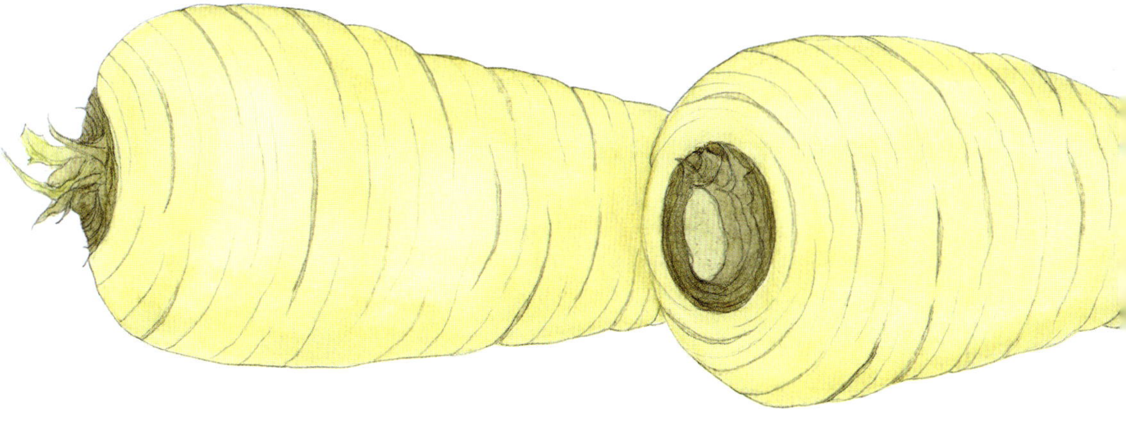

Rettich-Carpaccio mit Ziegenkäse

Rettich edel serviert. Damit machen Sie bei Gästen richtig Eindruck.

Für 4 Personen als Vorspeise

1 Rettich
Salz, Pfeffer
Öl fürs Blech
4 Ziegenkäsetaler
2 EL Aceto balsamico
4 EL Rapsöl
1 EL Kapern

Den Rettich putzen, waschen und in hauchdünne Scheiben hobeln. Die Scheiben salzen und kurz ziehen lassen.
Inzwischen den Backofengrill vorheizen.
Ein Backblech mit Alufolie belegen und dünn mit Öl bestreichen. Die Ziegenkäsetaler darauflegen und unter dem Grill 4 Minuten überbacken.
Die Rettichscheiben mit Küchenpapier abtupfen und ringförmig auf 4 Tellern auslegen. Mit Balsamico und Öl beträufeln. Mit Kapern bestreuen und mit Pfeffer übermahlen. Je 1 gratinierten Ziegenkäsetaler in die Mitte setzen und sofort servieren.
Und dazu: frisches Brot und Butter.

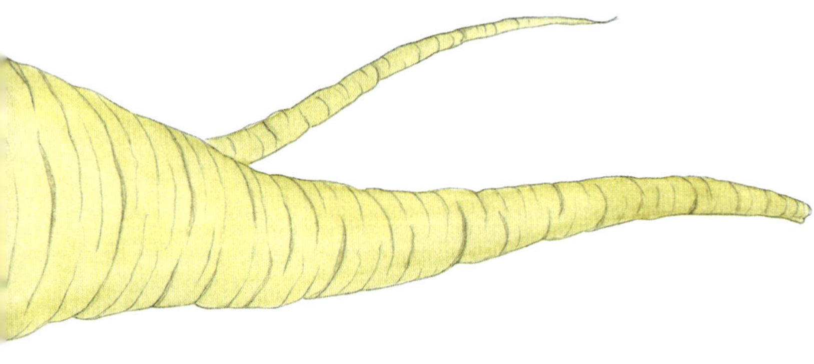

Roastbeef mit Radieschen-Remoulade

Sanft im Ofen gegartes Roastbeef ist ein feiner Frühjahrsbraten. Die Remoulade schmeckt auch zu neuen Kartoffeln oder Baggers.

Für 4–6 Personen

1 kg Roastbeef
Salz, Pfeffer
4 EL Öl
3 EL frisch gehackte Petersilie
grobes Meersalz

Für die Remoulade:
1 Bund Schnittlauch
10 Radieschen
1 kleiner, säuerlicher Apfel
2 Frühlingszwiebeln
200 g Mayonnaise
200 g Schmand
Salz, Pfeffer

Den Backofen auf 160 °C (Umluft 140 °C) vorheizen. Ein Backblech einschieben und ebenfalls vorheizen.
Das Fleisch rundum mit Salz und Pfeffer würzen. Das Öl in einer Pfanne erhitzen. Das Fleisch darin in 5–6 Minuten rundum anbraten. Herausnehmen und mit der Fettseite nach unten aufs Blech legen. Im Ofen (Mitte) 40–50 Minuten braten.
Den Schnittlauch waschen, trocken schütteln und in feine Röllchen schneiden. Die Radieschen putzen, waschen und sehr fein würfeln. Den Apfel waschen, vierteln und das Kerngehäuse entfernen. Die Viertel klein würfeln. Die Frühlingszwiebeln putzen, waschen und in sehr feine Ringe schneiden. Schnittlauch, Radieschen, Äpfel, Zwiebeln, Mayonnaise und Schmand in einer Schüssel verrühren. Mit Salz und Pfeffer würzen.
Das Fleisch aus dem Ofen nehmen, in Alufolie wickeln und 10 Minuten ruhen lassen. Den Braten mit Petersilie und Meersalz bestreuen. In dünne Scheiben schneiden und mit der Remoulade servieren. Schmeckt warm oder kalt.
Und dazu: Bratkartoffeln oder Brot.

Radieschenbutter

Kleiner Aufwand, große Wirkung. Die Radieschenbutter ist schnell gerührt und schmeckt nicht nur als Brotaufstrich.

Ergibt etwa 350 g

1 Bund Radieschen (200–250 g)
1/4 Bund Schnittlauch
125 g weiche Butter
Salz, Pfeffer
edelsüßes Paprikapulver
1 TL Zitronensaft

Die Radieschen putzen, waschen und fein würfeln. Den Schnittlauch waschen, trocken schütteln und in Röllchen schneiden.
Die Butter schaumig schlagen. Radieschen und Schnittlauch einrühren. Mit Salz, Pfeffer, Paprikapulver und Zitronensaft abschmecken. Die Butter zu einer Rolle formen, in Alufolie wickeln und kalt stellen. In Scheiben geschnitten servieren.
Und dazu: Brot, neue Kartoffeln, Fleisch vom Grill.

Kirschen

Die Kirschgärten in der Fränkischen Schweiz im April – das ist ein Kirschblütenfest, für das man nicht nach Japan fahren muss. Schon im Mittelalter haben die Franken hier Kirschbäume gepflegt. So wurde der Kirschanbau zu einem wichtigen wirtschaftlichen Faktor dieser Gegend. Die Landschaft ist geprägt von alten knorrigen Bäumen.

Ein ausgewachsener Kirschbaum jedoch beansprucht viel Platz, der in den meisten Hausgärten leider knapp ist. Wer dennoch ein Plätzchen für ihn findet, darf sich im späten Frühjahr auf seine verlockenden Früchte freuen.

Die Süssen

Die ***Süßkirsche*** *(Prunus avium)* aus der Familie der Rosengewächse gehört zum Steinobst. Früher gab es nur großkronige Kirschbäume. Inzwischen ist es gelungen, sie auf schwach wachsende Unterlagen zu veredeln, sodass der Platzbedarf nicht mehr ganz so groß ist.

Die Früchte werden als Herzkirschen oder Knorpelkirschen bezeichnet. Die Herzkirschen reifen früher und haben weiches Fruchtfleisch. Die Knorpelkirschen werden später reif, sind aber wegen des festen Fruchtfleisches besser transportfähig. Die Farbe der Früchte variiert von gelb bis rot in allen Schattierungen. Auch der Blüh- und Reifezeitpunkt der verschiedenen Sorten unterscheidet sich stark.

Süsskirschen im Garten

Die beste Pflanzzeit für Steinobst ist der Frühling, wenn der Boden frostfrei ist. Bei der Wahl der Sorte müssen Sie verschiedene Kriterien bedenken: Frühblühende Kirschen werden einigermaßen von der Kirschfruchtfliege verschont, sind aber durch Spätfrost gefährdet. Die Spätblühenden werden fast immer Opfer der Kirschfruchtfliege, deren Maden in den Früchten leben. Im Hausgarten gibt es keine wirksame Bekämpfung der Fliege. Schutznetze wären hilfreich, sind aber bei großen Bäumen nicht praktikabel. Einige Sorten gelten als weniger anfällig. Lassen Sie sich bei der Sortenwahl unbedingt fachmännisch beraten.

Der richtige Zeitpunkt für den Schnitt der Bäume ist im Sommer nach der Ernte. Dabei entfernt man auch gleich zu dicht stehende und abgestorbene Äste.

Die Sauren

Die ***Sauerkirsche*** *(Prunus cerasus)* ist im Garten leichter unterzubringen, da die Bäume kleiner bleiben. Sie sind kaum von der

Kirschfruchtfliege gefährdet. Häufig tritt an Sauerkirschen die Spitzendürre (Monilia) auf, eine Pilzkrankheit, die bewirkt, dass die Äste von der Spitze her absterben. Solche Triebe müssen bis ins gesunde Holz abgeschnitten und vernichtet werden.
Die Sauerkirschen bilden ihre Früchte am einjährigen Holz. Beim Schnitt kommt es darauf an, abgeerntete »Peitschentriebe« zu entfernen, während kräftige Jungtriebe geschont werden.

Kirschen in der Küche

Dort, wo im zeitigen Frühjahr duftend weiße Blütenwolken schwebten, locken im Juli prall glänzende, leuchtend rote Kirschen. Sie schmecken pur aus der Hand, als Kuchen, Kompott, Dessert oder Konfitüre – und am allerbesten direkt vom Baum.
Kirschen sind kleine Vitaminbomben, denn sie enthalten reichlich Vitamine und Mineralstoffe. Dabei sind die dunkleren Sorten etwas wertvoller für den menschlichen Körper als die helleren. Besonders die Sauerkirschen kurbeln den Stoffwechsel an. Die herb-säuerlich schmeckenden Früchte mögen nur wenige frisch, aber umso lieber als Konfitüre, Kuchen oder Fruchtsauce, z. B. zu gebratener Ente.
Nach dem Pflücken ist leider Eile angesagt, denn ihre Lagerzeit ist begrenzt. Kirschen sollten innerhalb von 2–3 Tagen aufgegessen oder verarbeitet werden.

In der Küche spült man die Kirschen mit Stiel kurz kalt ab und lässt sie abtropfen. Erst dann zupfen Sie die Stiele ab und lösen die Steine aus den Früchten. Ob mit oder ohne Kirschentkerner eine zeitraubende und spritzintensive Tätigkeit! Etwas leichter tun Sie sich, wenn Sie die Kirschen vor dem Entsteinen einige Minuten ins Gefrierfach legen. So löst sich der Kern leichter und es spritzt weniger.

Kirschen für den Vorrat

Unsere Großmütter haben ihre Kirschen für den Wintervorrat eingeweckt. Doch Sie können Kirschen auch samt Kern einfrieren. Das geht wesentlich flotter. Vor der Verwendung lassen Sie die Früchte langsam an der Luft wieder auftauen, am besten nebeneinander auf einem Küchentuch.
Alternativ können Sie Süß- oder Sauerkirschen gut für den Vorrat trocknen. Die Früchte dafür entsteinen und auf einem mit Backpapier belegten Backblech verteilen. Im Backofen bei 50 °C Umluft und leicht geöffneter Backofentür etwa fünf Stunden trocknen. Getrocknete Kirschen schmecken im morgendlichen Müsli oder als Snack zwischendurch und sind eine wunderbare Backzutat.

Fränkisches Kirschenmännle

Wann gibt's denn endlich wieder Kirschenmännle? Der fruchtige Auflauf gehört in Franken einfach zur Kirschenzeit dazu. Häufig wird das Rezept in der Familie von Generation zu Generation weitergereicht. Wenn Sie keines haben, probieren Sie dieses hier. Einen Teil der Brötchen können Sie auch durch altbackenes Brot ersetzen.

Für 4–6 Personen

1 kg Herzkirschen
6 altbackene Brötchen
375 ml Milch
Butter für die Form
5 Eier
125 g weiche Butter
125 g Zucker
1 Prise Salz
1/4 TL Zimt
100 g Mandelblättchen

Die Kirschen waschen, entstielen und entsteinen. Beiseitestellen. Die Brötchen in feine Scheiben oder Würfel schneiden. Die Milch leicht erwärmen und darübergießen. Kurz quellen lassen.
Inzwischen den Backofen auf 180 °C (Umluft 160 °C) vorheizen. Eine Auflaufform mit Butter ausstreichen.
Die Eier trennen. Die Butter mit 100 g Zucker schaumig schlagen. Eigelbe, Salz und Zimt unter die Butter rühren. Eingeweichte Brötchen, Mandelblättchen und Kirschen nacheinander unterheben. Die Eiweiße mit dem restlichen Zucker sehr steif schlagen. Den Eischnee behutsam unter die Brötchenmasse ziehen. Die Masse in die Form füllen und im Ofen (Mitte) 50–60 Minuten backen. Warm oder kalt servieren.
Und dazu: Vanillesauce.

Entenbrust mit Sauerkirschen

Frische Kirschen und Ente sind ein feines Paar. Dieses Gericht ist schnell fertig und genau richtig für die leichte Frühsommerküche. Nach der Kirschsaison können Sie es auch mit tiefgekühlten Früchten zubereiten.

Für 4 Personen

250 g Sauerkirschen
2 Entenbrustfilets mit Haut
(à etwa 360 g)
Salz, Pfeffer
2 TL Aceto balsamico
2 TL brauner Zucker
75 ml Rotwein
175 ml Kirschsaft
2 TL frisch gehackter Estragon
1 TL Speisestärke
3 EL kalte Butter (30 g)

Die Kirschen waschen, entstielen und entsteinen. Die Haut der Entenfilets rautenförmig einschneiden. Das Fleisch salzen und pfeffern.
Die Filets mit der Hautseite nach unten in eine beschichtete Pfanne legen und 8 Minuten braten. Wenden und von der zweiten Seite ebenfalls etwa 8 Minuten bis zur gewünschten Garstufe braten. Das Fleisch herausnehmen, in Alufolie wickeln und ruhen lassen.

Den Bratensatz mit Balsamico ablöschen. Zucker, Wein und Kirschsaft zugeben und das Ganze 3–4 Minuten einkochen lassen. Kirschen und Estragon einrühren. Die Stärke mit wenig kaltem Wasser verquirlen. Stärke und Butter in die Sauce rühren und diese kurz köcheln lassen. Die Sauce mit Salz und Pfeffer abschmecken. Die Entenbrust in Scheiben schneiden und mit der Kirschsauce servieren.
Und dazu: Schupfnudeln und ein grüner Salat.

Götterspeise deluxe

Die süße Kirschsülze lässt sich gut vorbereiten. Und das sahnige Sößchen ist vor dem Servieren auch schnell gerührt. Wunderbar für ein Gartenfest oder wenn Freunde zu Besuch kommen.

Für 4 Personen

4 Blatt Gelatine
300 g süße Kirschen
300 ml Kirschsaft
1/2 Päckchen Bourbon-Vanillezucker
2 cl Kirschlikör
einige Minzeblättchen zum Garnieren

Für die Sauce:
100 g Crème fraîche
2 EL Puderzucker
2 EL Kirschschnaps
2 EL Milch

Die Gelatine 10 Minuten in kaltem Wasser einweichen. Inzwischen die Kirschen waschen, entstielen und entsteinen.
100 ml Kirschsaft erwärmen. Die Gelatine ausdrücken und darin auflösen. Mit dem restlichen Kirschsaft mischen. Kirschen, Vanillezucker und Kirschlikör unterrühren. Die Mischung in eine längliche Form (etwa 1 l Inhalt) gießen. Im Kühlschrank mindestens 6 Stunden, besser noch über Nacht, fest werden lassen.

Für die Sauce alle Zutaten glatt verrühren. Zum Servieren die Kirschsülze mit einer Messerspitze vom Formrand lösen. Die Form kurz in heißes Wasser halten und die Sülze stürzen. In Scheiben schneiden und portionsweise mit je 1 Klecks Sauce anrichten. Mit frischer Minze garnieren.

Amaretto-Kirschen

Wohin nur mit den vielen Sauerkirschen? Ganz klar: einlegen. So bekommen die sauren Kirschen ein wunderbares Aroma und versüßen das restliche Jahr als kleiner Cocktail mit Sekt aufgefüllt, zum Dessert, als Backzutat oder pur genascht.

Ergibt 4 Gläser

1,5 kg Sauerkirschen
1 Bio-Zitrone
500 g Kandiszucker
1 Vanilleschote
250 ml Mandellikör
(z. B. Amaretto)
250 ml Rum

Die Kirschen waschen, entstielen und entsteinen. Die Steine mit dem ausgetretenen Saft in ein Sieb geben und über den Kirschen abtropfen lassen. Die Zitrone heiß abwaschen und abtrocknen. Die Schale mit einem Zestenreißer abziehen, die Frucht auspressen.

Den Kandiszucker zwischen zwei Bögen Backpapier streuen und mit dem Fleischklopfer nicht zu fein zerkleinern. Kirschen, Zitronenschale, Zitronensaft und den Zucker in einer Steingutschüssel vermischen. Die Kirschen zugedeckt über Nacht an einen kühlen Ort stellen. Am nächsten Tag sollte sich der Kandiszucker ganz aufgelöst haben.

Die Vanilleschote zuerst längs halbieren, dann quer in 4 Teile schneiden. Je 2 Schotenstücke in ein Schraubglas geben. Die Kirschen in die Gläser schichten und den Saft gleichmäßig darüber verteilen. Likör und Rum mischen und über die Kirschen gießen. Die Gläser verschließen und kühl und dunkel aufbewahren. Vor dem Servieren mindestens 3 Wochen durchziehen lassen. Etwa 6 Monate haltbar.

Und dazu: Vanilleeis, Pudding, Vanillecreme, Panna Cotta.

Sommer -
die Sonne wendet sich

Wie haben wir uns auf den Sommer im Gärtla gefreut! Auf das Glücksgefühl, prall reifes Gemüse vom Beet zu schneiden oder von der Staude zu pflücken und leuchtende Beeren direkt vom Strauch zu naschen. Diese Jahreszeit beschert uns ein ganzes Füllhorn von Genussmomenten im Garten. Die Pflanzen durften bisher Sonne tanken und verwöhnen uns jetzt mit ihren aromatischen Früchten.

Doch mit Sommerbeginn ist Wendezeit im Jahreslauf. »Nach St. Veit (15. Juni) wendet sich die Zeit, alles geht auf die andere Seit'«, sagt eine alte Bauernregel. Kalendarisch beginnt der Sommer am 21. Juni, dem Tag der Sommersonnenwende. An diesem längsten Tag des Jahres erreicht die Sonne ihren höchsten Stand über dem Horizont. Die Mittsommernacht ist die kürzeste Nacht im ganzen Jahr. Von nun an werden die Nächte wieder länger, die Tage kürzer.

Kurz darauf folgt am 24. Juni der Johannistag. Für Gärtnerei und Landwirtschaft markiert eigentlich er den Beginn des Sommers, was sich in zahlreichen Bauernregeln rund ums Wetter widerspiegelt. Denn jetzt beginnt die wahre Erntesaison, und Landwirte und Gärtner hoffen auf trockenes Wetter, damit die Ernte problemlos eingebracht werden kann.

Sommer im Garten

Auch im gärtnerischen Arbeitsjahr markieren Sonnwende und Johannistag einen Wendepunkt: Was wir das Frühjahr über gepflanzt, gehegt und gepflegt haben, wartet vielfach schon auf die Ernte. Stellen Sie also Ihre Körbe bereit. Jetzt sind viele Beeren reif, die Kirschen haben Hochsaison und im Garten reifen Gemüse und Tomaten. Die beste Zeit also für Konfitüre & Co, denn mit den geernteten Gartenschätzen lassen sich wunderbar Vorräte anlegen. Doch zum Johannisfest heißt es auch Abschied nehmen vom geliebten Rhabarber. Seine Saison endet jetzt. Er braucht Ruhe, um Kraft zu tanken fürs nächste Jahr.

»Bis an Johannis wird gepflanzt – ein Datum, das du dir merken kannst.«

Johannisbeeren und Stachelbeeren

Sommerzeit ist Beerenzeit. Und pünktlich zum Sommeranfang können wir um den Johannistag herum im Garten die ersten Johannisbeeren und Stachelbeeren pflücken.

Johannisbeeren

Sie sind das Beerenobst des Hochsommers und tragen schon im Namen ihren Erntetermin: Die ersten Johannisbeeren reifen um den Johannistag (24. Juni). Je nach Sorte können wir sie bis weit in den Juli hinein ernten.

Die ***Johannisbeere*** *(Ribes)* gehört in die botanische Familie der ***Stachelbeergewächse*** *(Grossulariaceae)*. Ihre Wildform ist in unseren Breiten heimisch, was schon ein Hinweis darauf ist, dass die Johannisbeeren in unserem Klima problemlos gedeihen.

Am bekanntesten ist die ***Rote Johannisbeere*** *(Ribes rubrum)*, mit roten und weißen Sorten, die wir wegen ihrer erfrischend säuerlichen Früchte schätzen. Die ***Schwarze Johannisbeere*** *(Ribes nigrum)* ist mit ihrem herb-würzigen Duft und Geschmack vielleicht nicht jedermanns Sache, aber ein unentbehrlicher Farb- und Geschmacksgeber für Säfte und Konfitüren.

Die Gartenformen der Johannisbeeren kennen wir als Strauch, Halbstämmchen und Hochstämmchen. Die Sträucher können frei wachsen oder als Spalier am Drahtgerüst gezogen werden. Sie bringen mehr Ertrag als die Hochstammbäumchen, die neben ihrem Nutzen auch zur Zierde dienen und wegen des geringeren Platzbedarfs gerade für kleine Gärten beliebt sind.

Johannisbeeren im Garten

Um Wüchsigkeit und Fruchtansatz der Pflanzen über Jahre hinweg zu erhalten, sollten sie regelmäßig geschnitten werden. Als Faustregel gilt: Pro Strauch 5–8 kräftige Triebe stehen lassen. Die ältesten Triebe, die man an der dunklen Rinde erkennt, werden entfernt, denn am jüngeren Holz bilden sich mehr und größere Früchte. Der beste Zeitpunkt für den Schnitt ist gleich nach der Ernte.

Johannisbeeren sind Flachwurzler, die dankbar sind, wenn der Wurzelbereich nicht austrocknet. Sorgen Sie deshalb für eine dicke Mulchschicht unter den Sträuchern. Bei Hochstämmchen entstehen oft Triebe aus den Wurzeln, die man tief am Boden abschneidet. Gedüngt wird am besten mit Kompost, aber auch mit allen anderen organischen und mineralischen Düngern, die man im Garten verwendet. Düngen Sie jedoch niemals nach August, damit die Pflanzen gut ausgereift in den Winter gehen können.

Sollte es während der Phase der Fruchtentwicklung extrem trocken sein, gönnen Sie Ihren Pflanzen eine extra Wassergabe.
Der häufigste Schädling an Johannisbeeren ist die Gallmilbe. Sie verursacht eine Verdickung der Knospen oder blasenartige Verformungen an den Blättern. Im Hausgarten wird man auf chemische Bekämpfungsmaßnahmen verzichten. Zur Stärkung der Abwehrkräfte können Sie aber vorbeugend mit Schachtelhalmtee oder Brennnesselbrühe spritzen. Stark befallene Pflanzen entfernen Sie am besten. Erkundigen Sie sich vor einer Neupflanzung nach widerstandsfähigen oder resistenten Sorten.

Stachelbeeren

Genauso bekannt und beliebt wie die Johannisbeere ist ihre Verwandte, die ***Stachelbeere*** *(Ribes uva crispa* oder *Ribes grossularia).* Auch sie ist in Europa heimisch und ein unkomplizierter Gast in unseren Gärten. Die Sträucher lieben etwas kalkhaltigen und lehmigen Boden und kommen auch mit einem leicht schattigen Standort zurecht.
Es gibt zahlreiche Sorten, die sich außer im Zeitpunkt der Reife vor allem in der Fruchtfarbe unterscheiden. Sie haben die Wahl zwischen gelbfrüchtigen, grünen, weißen und roten Stachelbeeren. Leider gibt es keine stachellosen Sorten – bei der Ernte kommt man also nicht um verkratzte Hände und Arme herum. Da die Früchte nicht alle gleichzeitig reifen, empfiehlt es sich, sie in Etappen zu pflücken. Für Kompott und zum Einkochen verwendet man am besten halbreife Beeren, die restlichen Früchte dürfen dann in aller Ruhe ausreifen.

Stachelbeeren im Garten

Für ein gesundes Wachstum gelten die gleichen Regeln wie bei den Johannisbeeren. Wichtig ist vor allem das regelmäßige Auslichten der Sträucher auf 8–10 kräftige Triebe, da sie sonst leicht vom Stachelbeermehltau befallen werden. Wo sich der Stachelbeermehltau bereits zeigt, müssen besonders die Triebspitzen bis ins gesunde Holz eingekürzt und das Schnittmaterial entsorgt werden. Auf keinen Fall dürfen kranke Pflanzenteile auf dem Kompost landen!

Jostabeeren

Aus der Kreuzung zwischen Schwarzer Johannisbeere und Stachelbeere ist die

Jostabeere (auch Jochelbeere) entstanden. Sie bildet einen unbestachelten Strauch mit Früchten, die aussehen wie kleine, aber schwarze Stachelbeeren. Sie sind sehr aromatisch und süß. Da die Sträucher recht starkwüchsig sind, eignen sie sich eher für große Gärten. Für Liebhaber des Beerenobstes sind sie auf jeden Fall einen Versuch wert.

Die Beeren in der Küche

Frisch vom Strauch genascht schmecken Johannis- und Stachelbeeren natürlich am besten, doch auch in der Küche sind sie eine begehrte Zutat. So lieben wir Johannisbeeren in Kuchen und Grütze, als Saft, Gelee, Konfitüre und Likör. Zudem versorgen uns die roten, schwarzen oder weißen Beerchen mit Vitaminen, Mineralstoffen und viel Pektin. Das schätzt man besonders bei der Herstellung von Gelee und Konfitüre, denn es festigt gut. Wenn Sie ein paar Gläser kochen wollen, verwenden Sie noch leicht unreife Beeren, ihr Pektingehalt ist am höchsten.

Geerntete Johannisbeeren sind nur einen Tag haltbar, leider saften und schimmeln sie schnell. Doch glücklicherweise halten sie sich am Strauch recht lange. Deshalb können Sie Ihre Johannisbeeren portionsweise pflücken und verarbeiten.

Lassen Sie bei der Zubereitung besondere Sorgfalt walten, denn Johannisbeeren sind empfindlich! Waschen Sie die zarten Beeren erst kurz vor der Verwendung in stehendem Wasser. Mit den Zinken einer Gabel lassen sie sich problemlos von der Rispe streifen. Sie können die Beeren auch gut tiefkühlen. Lassen Sie sie dafür ruhig an den Rispen, denn gefroren lassen sich die Beeren kinderleicht ablösen.

Auch Stachelbeeren enthalten jede Menge Nähr- und Mineralstoffe. Besonders reich sind sie an dem Spurenelement Silizium (Kieselerde), das schwache Blutgefäße stabilisiert und so Krampfadern vorbeugt. Beauty aus dem Garten, wer sagt's denn!

In der Küche sind die herben Beeren eine feine Zutat für Konfitüre, Kuchen oder Desserts. Vor der Zubereitung waschen, abtropfen lassen und die Stiel- und Blütenansätze abknipsen.

Stachelbeeren können Sie auch problemlos tiefkühlen. Wählen Sie dafür knapp reife Früchte. Diese frieren sie nebeneinander auf einem Tablett vor und füllen sie danach in Dose oder Beutel. So kleben die Beeren nicht zusammen.

Pikantes Johannisbeer-Röstbrot

Scharfes Johannisbeerkompott zu Schafskäse und frisch geröstetem Brot. Das erfreut Gärtner und Gäste.

Für 4–6 Personen als Vorspeise

150 g Rote Johannisbeeren
2 EL Zucker
1/2 TL Cayennepfeffer
Salz, Pfeffer
1 EL Aceto balsamico
1 Ciabatta oder Baguette
250 g cremiger Schafskäse

Die Johannisbeeren waschen, trocken tupfen und mit einer Gabel von den Rispen streifen.

Die Beeren mit Zucker, Cayennepfeffer, Salz, Pfeffer und Balsamico in einen Topf geben. Aufkochen und 3 Minuten einköcheln lassen. Abschmecken und abkühlen lassen.

Den Backofen auf 190 °C (Umluft nicht empfehlenswert) vorheizen. Das Brot in Scheiben schneiden. Die Scheiben auf ein Backblech legen und im Ofen (Mitte) von jeder Seite etwa 2 Minuten rösten, bis sie goldbraun sind.

Die warmen Brotscheiben mit dem Schafskäse bestreichen. Das Johannisbeerkompott darauf verteilen und sofort servieren.

Stachelbeercreme

Dieses Dessert ist der krönende Abschluss eines sommerlichen Menüs, vielleicht sogar im Garten serviert. Die Creme können Sie gut schon etwas früher vorbereiten. Vor dem Servieren müssen Sie sie dann nur noch anrichten.

Für 4 Personen

400 g Stachelbeeren
100 ml trockener Weißwein
50 g Zucker
2 EL Zitronensaft
250 g Sahnequark
(40 % Fett)
200 g Sahne

Die Beeren waschen und abtropfen lassen, die Stiel- und Blütenansätze abknipsen. Beeren, Wein und 2 Esslöffel Zucker aufkochen. Vom Herd nehmen. Ein Viertel der Beeren mit 5 Esslöffeln Kochsud abnehmen und beiseitestellen.

Die restlichen Beeren samt Kochsud fein pürieren und durch ein Sieb geben. Abkühlen lassen. Das Püree mit dem restlichen Zucker und dem Zitronensaft unter den Quark rühren. Die Sahne steif schlagen und unterziehen.

Die Creme auf 4 Gläser verteilen und 1 Stunde kühl stellen. Vor dem Servieren die restlichen Beeren darauf verteilen.

Weißes Johannisbeer-Prosecco-Gelee

Wenn Sie nicht so viele Weiße Johannisbeeren im Garten haben, können Sie auch einige Rote untermischen. Damit bekommt das Gelee natürlich eine rötliche Farbe.

Ergibt etwa 4 Gläser (à 200 ml)

1 kg Weiße Johannisbeeren
250 ml Prosecco oder Sekt
500 g Gelierzucker 2:1

Die Johannisbeeren waschen und von den Rispen streifen. Mit 200 ml Wasser aufkochen und bei schwacher Hitze abgedeckt 10 Minuten köcheln lassen. Die Beeren leicht zerdrücken.

Die Fruchtmischung in ein mit einem Mulltuch ausgelegtes Sieb gießen und 1–2 Stunden abtropfen lassen. Den Früchtebrei im Mulltuch leicht ausdrücken. Den Johannisbeersaft vollständig abkühlen lassen, dann 500 ml abmessen. Saft, Prosecco und Gelierzucker in einem großen Topf verrühren. Aufkochen und nach Packungsangabe etwa 4 Minuten unter Rühren sprudelnd kochen lassen. Das Gelee sofort in vorbereitete Schraubgläser füllen. Verschließen und die Gläser 5 Minuten auf den Deckel stellen. Umdrehen und abkühlen lassen.

Hausgemachter Cassis-Balsamico

Schwarze Johannisbeeren heißen in Frankreich »Cassis«. Sie sind Grundlage des gleichnamigen Likörs und auch Basis für einen feinen selbst gemachten Essig. Ein Fläschchen davon ist als Mitbringsel bei Kochfans stets willkommen.

Ergibt etwa 500 ml

500 g Schwarze Johannisbeeren
100 g Zucker
1 Prise Meersalz
500 ml Aceto balsamico
1 Zimtstange
5 Gewürznelken
5 Pimentkörner

Die Johannisbeeren waschen, trocken tupfen und von den Rispen streifen. Die Beeren mit Zucker und Salz in einen Topf geben und mit einem Kartoffelstampfer zerdrücken. Etwa 1 Stunde abgedeckt ziehen lassen.
Aceto balsamico, Zimtstange, Nelken und Piment zugeben. Die Fruchtmischung aufkochen und bei sehr schwacher Hitze etwa 15 Minuten köcheln lassen.
Die Fruchtmischung durch ein feines Haarsieb abgießen. Den fertigen Fruchtessig in kleine Flaschen füllen und verschließen.
Und dazu: Passt gut zu kräftigen Salaten, Fleisch und Käse.

Himbeeren und Brombeeren

Oh, wie verführerisch! In dunklem Rosa oder in sattem Violett schimmern Himbeeren und Brombeeren durchs Blattwerk und warten nur darauf, gepflückt zu werden. Wer dem Charme der aromatischen Sommerbeeren nicht schon im Garten erliegt, zaubert in der Küche gar Köstliches.

Himbeeren

Himbeeren gehören zu den begehrtesten Früchten in fränkischen Gärten. Besonders Kinder lieben die süßen, leuchtend roten Beeren, die man so schön wie einen Fingerhut auf die kleinen Fingerchen stecken kann. Frisch gepflückt schmecken sie am allerbesten!

Die ***Himbeere*** *(Rubus idaeus)* ist ursprünglich eine Waldpflanze. Sie gehört botanisch zu den Rosengewächsen und ist genau genommen keine Beerenfrucht, sondern eine Sammelsteinfrucht. Man unterscheidet zwei Gruppen: Die einmalfruchtenden Sommerhimbeeren, die von Juni bis August reifen, und die zweimaltragenden Herbsthimbeeren, die eine erste Ernte im Juni bringen, aber den größeren Ertrag ab August liefern. Wer beide im Garten hat, kann sich über frische Himbeeren vom Beginn des Sommers bis zu den ersten Frösten freuen.

Himbeeren sind reif, wenn sie gleichmäßig rot gefärbt sind und sich leicht von der Fruchtachse, dem Zapfen, lösen lassen. Die reifen Früchte fallen leicht ab, deshalb sollten Sie regelmäßig ernten.

Himbeeren im Garten

Als Waldbewohner liebt die Himbeere lichten Schatten und einen lockeren, leicht sauren Boden. Im Garten kann man den Boden durch Zugabe von Lauberde, grobem Kompost, Stroh oder Holzspänen entsprechend verbessern. Der Wurzelbereich sollte immer von einer Mulchschicht bedeckt sein. Um den Himbeerruten Halt zu geben, spannt man zwischen Holzpfosten stabile Drähte und bindet die Ruten daran fest. Die flach wachsenden Wurzeln sind empfindlich gegen mechanische Beschädigung. Hacken Sie deshalb nicht im Wurzelbereich herum.

Das häufigste Krankheitsbild an Himbeeren ist das Rutensterben (Rutenkrankheit). Es wird durch verschiedene

Pilzinfektionen und Virosen verursacht. Um die Pflanzen gesund zu halten, ist es wichtig, die abgeernteten Ruten bis zum Boden abzuschneiden. Der richtige Zeitpunkt dafür ist bei den Sommerhimbeeren der August, bei den Herbsthimbeeren der November. Bei Letzteren wählt man einige gesunde Fruchtruten aus, die für die erste Ernte im nächsten Jahr stehen bleiben.

Himbeerpflanzen treiben während des Sommers zahlreiche neue Ruten, die dann im folgenden Jahr Früchte tragen. Pro Pflanze lässt man nur 6–8 dieser Jungtriebe stehen, alle anderen werden entfernt. Unerwünschte Triebe, die oft außerhalb des Beetes entstehen, werden wurzeltief ausgegraben. Sie können bei Bedarf an anderer Stelle als Jungpflanze eingesetzt werden.

Zur Düngung eignet sich Horn- und Knochenmehl, das unter die Mulchdecke gemischt wird. Auch verrotteter Mist und Kompost sind gute Nährstofflieferanten.

Brombeeren

Die ***Brombeere*** *(Rubus fruticosus)* ist eng mit der Himbeere verwandt. Bis ins 19. Jahrhundert wuchsen Brombeersträucher ausschließlich wild an Waldrändern – und wurden wegen ihrer Stacheln nur wenig geschätzt. Das spiegelt sich noch heute in ihrem Namen wider: Er leitet sich vom althochdeutschen »brāmberi« (Dornstrauchbeere) ab.

Brombeeren im Garten

Die Brombeere ist ebenfalls eine Waldpflanze und möchte daher einen leicht schattigen Standort und waldähnlichen Boden vorfinden. Brombeeren bilden sehr lange und kräftige, stachelige Ranken. Als Spreizklimmer finden sie in Zäunen und Sträuchern Halt und können dabei sehr schnell alles überwuchern. Im Garten werden sie an einem stabilen Rankgerüst oder an einer Wand als Spalier gezogen und durch regelmäßigen Schnitt im Zaum gehalten.

Auch bei den Brombeeren werden die Ranken nach der Ernte bodentief abgeschnitten. Von den Jungtrieben lässt man pro Pflanze 5–6 kräftige Triebe stehen. Diese Hauptäste bilden im nächsten Jahr Seitentriebe, die man dann auf zwei Knospen zurückschneidet. So behält man die Übersicht und hat die Möglichkeit, die köstlichen Früchte ohne größeres Blutvergießen zwischen den stacheligen Zweigen zu ernten. Zwar wurden auch stachellose Sorten für den Hausgarten gezüchtet, doch erreichen sie lange nicht den Fruchtgeschmack der alten Sorten.

Taybeeren

Findige Züchter haben verschiedene Kreuzungen zwischen Himbeeren und Brombeeren produziert. Die Taybeere ist die interessanteste davon. Sie hat ebenfalls stachelige Ranken, ist aber nicht ganz so wüchsig wie die Brombeere. Die Früchte ähneln den Himbeeren, sind jedoch dunkler und lösen sich nicht vom Blütenboden. Sie schmecken säuerlich und eignen sich gut für Marmeladen und Säfte.

Die Beeren in der Küche

Himbeeren und Brombeeren bringen den beerigen Geschmack des Sommers in die Küche. Sie schmecken in Desserts und Kuchen und lassen sich zu Konfitüre, Gelee, Saft oder Likör verarbeiten. Die aromatischen Beeren sind nicht nur lecker, sondern mit ihren vielen Mineralstoffen und Vitaminen sehr gesund. So enthalten Himbeeren unter anderem viel Biotin, das für schöne Haut und Haare sorgt. Doch nicht nur die Früchte sind wertvoll, auch die Blätter haben es in sich. In der Naturheilkunde werden Himbeer- und Brombeerblätter gerne für Tees und Tinkturen verwendet.

Beide Beeren sind äußerst sensible Früchtchen und verderben schnell. Nach der Ernte werden sie am besten sofort frisch verbraucht. Waschen ist nur bei stark verschmutzten Früchten nötig, denn ihr feines Aroma verwässert leicht. Waschen Sie die Beeren also nur bei Bedarf vorsichtig in stehendem Wasser. Danach legen Sie die Beeren zum Abtropfen nebeneinander oder tupfen sie behutsam trocken.

Für den Vorrat lassen sich beide Früchte gut tiefkühlen, denn sie behalten auch beim Einfrieren Form und Aroma. Dafür breiten Sie die Beeren nebeneinander auf einem Tablett aus und frosten sie portionsweise. Danach können sie in Gefrierdosen oder -beutel umgefüllt werden. So kleben die Früchte nicht zusammen und können später einzeln entnommen werden.

Kalbsleber mit Brombeeren

Den Klassiker mit Äpfeln und Zwiebeln kennen Sie. Aber diese Variante? Sommerlich leicht kommt sie daher, mit frisch gepflückten Brombeeren und Salbei. Das müssen Sie probieren!

Für 4 Personen

4 Scheiben Kalbsleber
150 g kleine Zwiebeln
1 Zweig Salbei
Salz, Pfeffer
2 EL Öl
1 TL Zucker
100 ml Rotwein
200 ml gute Rinderbrühe
250 g Brombeeren
50 g Butter

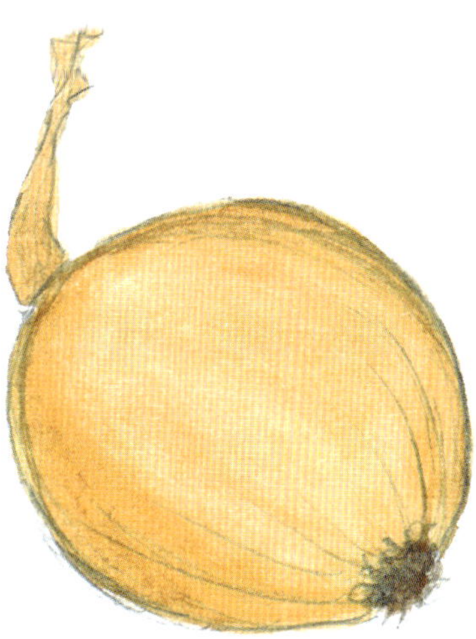

Die Leber putzen und trocken tupfen. Jede Scheibe in 3 Stücke schneiden. Die Zwiebeln schälen und vierteln. Den Salbei waschen, trocken schütteln und die Blättchen abzupfen. Den Backofen auf 100 °C vorheizen.
Die Leberstücke pfeffern. Das Öl in einer Pfanne erhitzen und die Leber darin von jeder Seite 2–3 Minuten braten. Die Stücke salzen und im Backofen warm stellen.
Zwiebeln und Salbeiblätter im Bratfett unter Wenden andünsten. Mit Zucker bestreuen und leicht karamellisieren lassen. Den Wein zugießen und auf die Hälfte einkochen lassen. Die Brühe zugeben und ebenfalls kurz reduzieren lassen. Die Brombeeren nur bei Bedarf behutsam waschen und trocken tupfen. Die Butter in Stücke teilen und in die kochende Sauce rühren. Die Beeren unterheben. Die Sauce mit Salz und Pfeffer würzen. Die Leber portionsweise mit der Brombeersauce anrichten. Sofort servieren.
Und dazu: frisches Weißbrot.

Sahnesülzchen mit Brombeerragout

Ein feines Dessert, ohne viel Aufwand im Glas serviert. Besonders edel sieht es in hohen Gläsern oder Weckgläschen mit Deckel aus. Das Ragout schmeckt auch zu Pudding, Grießflammeri, Joghurt und Eis.

Für 6 Personen

4 Blatt Gelatine
1 Vanilleschote
600 g Sahne
3 EL Zucker
1 Zimtstange

Für das Brombeerragout:
300 g Brombeeren
1 Bio-Zitrone
60 ml Holunderblütensirup
30 g Zucker
2 TL Speisestärke

Die Gelatine in kaltem Wasser einweichen. Die Vanilleschote längs aufschlitzen und das Mark herausschaben.
Mark und Schote mit Sahne, Zucker und Zimtstange aufkochen. Die Gelatine ausdrücken und in der Sahnemilch auflösen. Die Sahnemilch durch ein Sieb in 6 hohe Gläser gießen. Über Nacht im Kühlschrank gelieren lassen.
Für das Brombeerragout die Brombeeren nur bei Bedarf behutsam waschen und trocken tupfen. Die Zitrone heiß abwaschen und abtrocknen. Die Hälfte der Schale abreiben, die Frucht auspressen.
Brombeeren, Holunderblütensirup, Zucker, Zitronenschale und 2 Esslöffel Zitronensaft in einem Topf aufkochen. Bei mittlerer Hitze 3 Minuten köcheln lassen. Die Stärke mit etwas kaltem Wasser verrühren und zugießen. Das Ragout unter Rühren nochmals kurz aufkochen. Vom Herd nehmen und abkühlen lassen.
Zum Servieren jeweils etwas Brombeerragout auf die Sahnesülzchen in den Gläsern geben. Restliches Ragout dazu servieren.

Saisonkuchen mit Himbeeren

Den Kuchen haben Sie im Handumdrehen zubereitet. Ganz nach Saison schmeckt er auch mit anderen Beeren oder Früchten. Wenn Sie keine rechteckige Form besitzen, backen Sie ihn in einer großen Springform (28–30 cm Ø).

Ergibt 12 Stücke

125 g Butter
300–400 g Himbeeren
4 Eier
150 g Zucker
abgeriebene Schale von 1 Bio-Zitrone
150 g Mehl
1 TL Backpulver
Mandelblättchen
Puderzucker zum Bestäuben

Den Backofen auf 180 °C (Umluft 160 °C) vorheizen. Eine rechteckige Backform (etwa 20 x 30 cm) mit Backpapier auslegen. Alternativ einen Backrahmen auf ein mit Backpapier belegtes Blech stellen.
Die Butter bei schwacher Hitze schmelzen lassen. Die Himbeeren nur bei Bedarf behutsam waschen und trocken tupfen. Die Eier trennen.
Das Eiweiß steif schlagen und beiseitestellen. Die Eigelbe mit Zucker und Zitronenschale dickschaumig schlagen. Die flüssige Butter einrühren. Den Eischnee auf die Eigelbmasse gleiten lassen. Mehl und Backpulver mischen und darübersieben. Alles behutsam mit einem Teigspatel unterheben.
Den Teig in die Form füllen und die Himbeeren darauf verteilen. Mit Mandelblättchen bestreuen und im Ofen (Mitte) 25–30 Minuten backen. Leicht abgekühlt aus der Form lösen. Mit Puderzucker bestäubt servieren.
Und dazu: Schlagsahne oder eine Kugel Eis.

Himbeerbowle mit Rosenduft

Die wichtigsten Zutaten für diese sommerliche Bowle pflücken Sie einfach frisch in Ihrem Garten.

Für 6 Personen

2 Päckchen Bourbon-Vanillezucker
1 Flasche trockener fränkischer Weißwein
500 g Himbeeren
1 ungespritzte duftende Rosenblüte
einige Tropfen Rosenwasser (nach Wunsch)
1 Flasche eiskalter trockener Sekt

Vanillezucker und 500 ml Wein in einem Bowlegefäß mischen. So lange rühren, bis sich der Zucker vollständig aufgelöst hat.
Die Himbeeren nur bei Bedarf behutsam waschen und trocken tupfen. Zum Bowlenansatz geben. Die Blütenblätter der Rose abzupfen und einstreuen. Den Ansatz etwa 30 Minuten ziehen lassen.
Kurz vor dem Servieren nach Wunsch das Rosenwasser in den Ansatz träufeln.
Die Bowle mit dem restlichen Wein und dem Sekt aufgießen. Sofort servieren.

Bohnen und Erbsen

Sie zählen zu den ältesten Kulturpflanzen der Welt und gehören im Sommer zum Standardprogramm in vielen Gemüsegärten. Beide fühlen sich recht wohl im fränkischen Boden, doch ihre eigentlichen Wurzeln haben die beiden ganz woanders.

Bohnen

Die Bohnen stammen ursprünglich aus Südamerika. Nach der Entdeckung der Neuen Welt gelangten sie nach Europa, wo sie schnell heimisch wurden. Mit ihrem hohen Eiweißgehalt gehören sie heute zu den wichtigsten Nahrungspflanzen der Welt.

Bohnen gibt es in Hunderten von Sorten. Sie alle gehören zu den Schmetterlingsblütlern *(Leguminosae)* aus der Familie der Hülsenfrüchte *(Fabaceae)*. Wenn wir hier von Bohnen sprechen, meinen wir die ***Gartenbohne*** *(Phaseolus vulgaris)*. Von älteren Menschen in Franken hört man manchmal noch die mundartliche Bezeichnung »Fisole«.

Für den Anbau im Garten haben Sie die Wahl zwischen Stangen- und Buschbohnen. Von beiden Gruppen gibt es Sorten mit grünen, gelben und violetten Hülsen.

Stange oder Busch?

Stangenbohnen erfordern etwas mehr Aufwand, belohnen den Gärtner aber mit einer längeren Erntezeit und höherem Ertrag. Sie bilden lange rankende Triebe, mit denen sie über zwei Meter hoch klettern können. Als Gerüst dafür eignen sich Stangen, Äste oder Schnüre. Übrigens: Die Bohnen winden sich immer linksherum. Beachten Sie das, wenn Sie Triebe aufbinden.

Die Feuerbohnen haben ihren Namen von ihren leuchtend roten Blüten. Sie sind neben ihrem Nutzwert auch als Zierpflanze beliebt und eignen sich zum Beranken von Zäunen und Sichtschutzwänden.

Neu auf dem Markt sind sogenannte Spaghetti- oder Spargelbohnen. Sie stammen aus Asien und sind deshalb besonders wärmebedürftig. Im Gewächshaus oder in sehr mildem Klima gedeihen sie aber prächtig und produzieren 40–60 cm lange grüne Bohnen, die köstlich schmecken.

Buschbohnen sind durch Züchtung aus Stangenbohnen entstanden. Sie bilden buschige, niedrig bleibende Pflanzen und werden in Reihen gesät.

Häufig hört man Bezeichnungen wie Prinzessbohnen, Brechbohnen oder Butterbohnen. Damit sind jedoch keine Sorten gemeint. Diese Begriffe beziehen sich vielmehr auf die Verwendung in der Küche: Prinzessbohnen sind junge grüne Böhnchen, die im Ganzen gegart und serviert werden. Brech- oder Schnippelbohnen werden später geerntet, sind deshalb dicker und werden in Stücken z. B. für Eintöpfe verwendet. Als Wachs- oder Butterbohnen bezeichnet man gelbe Bohnenhülsen.

Bohnen im Garten

Die Urform unserer Gartenbohnen kommt aus Südamerika. Daraus ergibt sich ihr hoher Anspruch an Licht und Wärme. Sie möchten einen sonnigen Platz im Garten und dürfen erst gesät werden, wenn sich der Boden ausreichend erwärmt hat und keine Nachtfröste mehr zu erwarten sind. Das ist bei uns nicht vor Mitte Mai der Fall. Wenn man satzweise sät, also in wöchentlichem Abstand jeweils einen Teil der Samen ausbringt, ist später nicht alles gleichzeitig erntereif. Die Samen legt man in Rillen von 2–3 cm Tiefe ab.

Eine Vorkultur in Töpfchen lohnt sich bei schwerem Boden, der sich lange nicht erwärmt. Außerdem wachsen die vorgezogenen Pflänzchen den hungrigen Schnecken schnell davon. Später werden die Pflanzen angehäufelt, damit sie standfester werden. Die Triebe der Stangenbohnen werden gekappt, wenn sie das Ende der Stangen erreicht haben. Sobald die ersten Hülsen erntereif sind, wird laufend geerntet. Dabei hält man mit der zweiten Hand den Trieb fest, um nichts abzureißen. Am Ende des Sommers kann man einige Hülsen ausreifen lassen und die Bohnenkerne ernten.

Als Leguminosen können sich die Bohnen selbst mit Stickstoff versorgen. Das geschieht mithilfe von Bakterien, die sich an die Wurzeln anlagern. Bakterien und Wurzelzellen bilden die sogenannten Wurzelknöllchen, in denen Stickstoff aus der Luft gebunden wird und der Pflanze zur Verfügung steht. Wir Gärtner müssen also keinen Stickstoff düngen und profitieren noch von den Wurzelrückständen, die den Boden für die nächste Kultur regenerieren.

Erbsen

Die Erbse stammt ursprünglich aus Kleinasien und steht schon viele Tausend Jahre auf dem

Speisezettel des Menschen. Dabei hat sie es vom einstigen Arme-Leute-Essen bis in die gehobene Küche unserer Tage geschafft. Und sogar zu literarischen Ehren hat es die Erbse gebracht. Denn worauf schlief noch mal die Prinzessin im Märchen von Hans Christian Andersen? Genau, auf einer Erbse!

Die ***Erbse*** *(Pisum sativum)* gehört ebenfalls zu den Schmetterlingsblütlern. Im Garten ist sie ähnlich zu behandeln wie die Bohne, doch ist ihr Anspruch an die Bodentemperatur nicht ganz so hoch. Erbsen können daher schon ab März gesät werden. Die bis 1 Meter rankenden Triebe benötigen als Stütze ein Stück Maschendrahtzaun oder Reisig, das man in den Boden steckt.

Auch bei den Erbsen unterscheidet man verschiedene Unterarten: Die Zuckererbsen oder Kaiserschoten schmecken süßlich. Ihre Hülsen werden jung geerntet und im Ganzen verwendet. Markerbsen lässt man länger reifen und verwendet die Körner. Schal- oder Palerbsen schmecken mehlig und werden meist getrocknet. Knackerbsen sind eine Kreuzung aus Zucker- und Markerbsen. Man kann sowohl ihre jungen Hülsen als auch die Körner verwenden.

Bohnen und Erbsen in der Küche

Beide Hülsenfrüchte bringen als Gemüsebeilage, Eintopf oder Salat viel Eiweiß und wertvolle Mineralstoffe auf unserem Teller. Ideal für alle, die kein Fleisch essen und ihren Eiweißbedarf aus anderen Quellen decken müssen.
Wie viele andere Gemüse schmecken auch Bohnen und Erbsen frisch aus dem Garten am besten. Haben Sie nach der Ernte nicht gleich Zeit, können Sie beide 1–2 Tage im Gemüsefach des Kühlschranks lagern. Länger aber nicht, sonst bekommen sie einen mehlig-bitteren Geschmack.
Unsere Großmütter standen früher in der Küche vor einem Berg Bohnen und zogen stundenlang Fäden ab. Erinnern Sie sich noch? Das müssen wir heute nicht mehr, denn die modernen Bohnensorten sind fadenlos. Vor der Zubereitung werden grüne Bohnen als Ganzes gewaschen. Dann müssen Sie nur noch die Enden entfernen.

Mehr Arbeit machen dagegen Erbsen. Wie kleine grüne Perlen sitzen sie in der Schote nebeneinander. Zum Herauslösen bricht man die Schoten durch sanften Druck auf die Enden auf und streift die Erbsen aus. Nach dieser Prozedur sind von 1 kg Schoten nur etwa 300 g Erbsen übrig geblieben, die aber dann umso besser schmecken. Vor der Zubereitung werden sie noch gewaschen. Anders bei Zuckererbsen oder -schoten: Sie werden ganz verzehrt. Vor dem Waschen entfernen Sie also einfach nur den Blütenansatz und eventuell vorhandene Fäden.

Hülsenfrüchte immer kochen

Für Rohköstler sind grüne Bohnen und Erbsen nichts, denn ungegart enthalten sie gleich mehrere schädliche Substanzen. Die wichtigste: Phasin, die den Magen verderben oder sogar vergiften kann. Doch keine Panik: Sie alle werden beim Kochen zerstört und sind nach 10–15 Minuten Garzeit restlos verschwunden.

Den Geschmack Ihrer Bohnen können Sie beim Garen durch die Zugabe von Bohnenkraut betonen, den von Erbsen durch eine Prise Zucker.

Für den Vorrat lassen sich Bohnen und Erbsen wunderbar tiefkühlen. Dafür putzen, waschen, 3–5 Minuten blanchieren und kalt abschrecken. So behalten sie ihre grüne Farbe. Gut abtropfen lassen, verpacken und einfrieren. So können beide etwa zwölf Monate gelagert werden.

Erbsen-Avocado-Dip

Zusammen mit ein paar Chips vertreibt der schnell gerührte Dip den größten Hunger und verkürzt die Wartezeit auf den Hauptgang. Natürlich auch lecker als kleine Zwischenmahlzeit.

Für 2–4 Personen

200 g Erbsen
1 rote Chilischote
1 reife Avocado
2 EL Zitronensaft
Salz, Pfeffer
1 Bund Koriandergrün

Die Erbsen in kochendem Salzwasser in etwa 5 Minuten bissfest garen. In ein Sieb abgießen und abkühlen lassen.
Die Chilischote waschen, putzen, nach Wunsch entkernen und fein würfeln. Die Avocado halbieren und entsteinen. Das Fruchtfleisch herauslösen. Mit 100 g Erbsen, Zitronensaft, Salz und Pfeffer cremig pürieren. Das Koriandergrün waschen und trocken schütteln. Die Blättchen fein hacken. Gehacktes Koriandergrün, restliche Erbsen und Chiliwürfel mischen und auf der Avocadocreme verteilen.
Und dazu: Tortilla-Chips oder dünne, geröstete Weißbrotscheiben.

Zweierlei Bohnensalat

Dieser köstliche Salat schmeckt im Sommer pur mit einem Butterbrot als leichtes Mittag- oder Abendessen. Auch fein als Beilage zu Koteletts oder Fleischküchle aus der Pfanne oder vom Grill.

Für 4–6 Personen

750 g grüne Bohnen
1/2 Bund Bohnenkraut
1 Zweig Liebstöckel
400 g weiße Bohnenkerne
(frisch gekocht oder aus der Dose)
3 Schalotten, in feinen Ringen
Salz, Pfeffer
1/2 Bund Basilikum zum Servieren

Für die Vinaigrette:
1 EL Zitronensaft
4–5 EL Aceto balsamico
1 Prise brauner Zucker
Salz, gemahlener schwarzer Pfeffer
1/2–1 TL Dijon-Senf
3–4 EL Olivenöl
2 EL Walnussöl

Die grünen Bohnen putzen, waschen und in Stücke brechen. Bohnenkraut und Liebstöckel waschen und trocken schütteln. Bohnen und Kräuter in wenig Salzwasser zugedeckt etwa 10 Minuten bissfest garen.
Inzwischen die weißen Bohnen in ein Sieb abgießen, kalt abspülen und abtropfen lassen. Die Schalotten schälen und in feine Ringe schneiden.

Für die Vinaigrette Zitronensaft, Essig, Zucker, Pfeffer, Senf und beide Öle in einer großen Schüssel verquirlen.
Die grünen Bohnen in ein Sieb abgießen und die Kräuter entfernen. Noch heiß mit Bohnenkernen und Schalotten unter die Vinaigrette heben. Den Salat abkühlen lassen.
Zum Servieren den Bohnensalat mit Salz und Pfeffer abschmecken. Das Basilikum waschen, trocken schütteln und die Blättchen abzupfen. Über den Salat streuen.

Bohnensuppe mit »Spootzn«

Diese gehaltvolle Suppe ist ein traditionelles Gericht aus der fränkischen Bauernküche. Mit frisch geernteten Bohnen ein wahrer Gaumenschmaus.

Für 4–6 Personen

Für die Spootzn:
400 g Mehl
1 Prise Salz
3 Eier
etwa 400 ml Milch
150 g gewürfelte altbackene Semmeln (Klößbrot)

Für die Suppe:
500 g grüne Bohnen
einige Stängel Bohnenkraut
Salz
40 g Butter
40 g Mehl
gekörnte Fleischbrühe

Für die Spootzn Mehl, Salz, Eier und Milch verrühren. Die Semmelwürfel unterheben. Den Teig nochmals gut durchrühren und zum Quellen beiseitestellen.
Für die Suppe die Bohnen putzen, waschen und in Stücke brechen. Das Bohnenkraut waschen und trocken schütteln. Bohnen und Bohnenkraut in einen Topf geben. Mit Wasser bedecken, 1 Teelöffel Salz zugeben und aufkochen. Die Bohnen bei mittlerer Hitze weich kochen lassen. In ein Sieb abgießen, dabei das Kochwasser auffangen.
Die Butter im Topf erhitzen. Das Mehl einstreuen und unter Rühren goldbraun rösten. Unter ständigem Rühren so viel Kochwasser zugießen, bis die gewünschte Menge Suppe erreicht ist. Alles aufkochen und mit gekörnter Brühe und Salz abschmecken.
Vom Spootzn-Teig mit einem angefeuchteten Esslöffel kleine Portionen abstechen und in die heiße Suppe einlegen. Die Spootzn in etwa 10 Minuten gar ziehen lassen. Die gekochten Bohnen unter die Suppe heben und servieren.

Bandnudeln mit Erbsen und Minze

Erbsen und Minze sind ein echtes Traumpaar. Probieren Sie es aus!

Für 4 Personen

400 g schmale Bandnudeln
300 g Erbsen
80 g Parmesan
1 Bund frische Minze
1 Bund Frühlingszwiebeln
1 EL Olivenöl
1 Knoblauchzehe
250 ml Gemüsebrühe
Salz, Pfeffer

Die Nudeln in reichlich Salzwasser nach Packungsangabe bissfest garen. In einem zweiten Topf die Erbsen in kochendem Salzwasser in etwa 5 Minuten ebenfalls bissfest garen. In ein Sieb abgießen und abtropfen lassen.

Den Parmesan fein reiben. Die Minze waschen und trocken schütteln. Die Blättchen abzupfen und fein hacken. Die Frühlingszwiebeln putzen, waschen und in feine Ringe schneiden.

Das Olivenöl in einer Pfanne erhitzen und die Frühlingszwiebeln darin andünsten. Den Knoblauch schälen und dazupressen. Die Brühe angießen und einmal aufkochen.

Die Nudeln abgießen und unter die Sauce heben. Erbsen, Parmesan und Minze zugeben und alles gut durchmischen. Mit Salz und Pfeffer abschmecken. Sofort servieren.

Und dazu: gebratenes Lachsfilet. Das können Sie extra braten oder in Würfeln gleich mit den Frühlingszwiebeln anbraten. Mit der Brühe und einem Schuss Weißwein ablöschen.

Gurken und Zucchini

Der Hochsommer ist grün und üppig – zumindest im Gemüsegarten, denn ab Juli reifen auf den Beeten zwei wuchsfreudige Klassiker heran: Gurken und Zucchini.

Die Gurke

Die ***Gurke*** *(Cucumis sativus)* ist ein Mitglied der großen Familie der Kürbisgewächse *(Cucurbitaceae)*. In Süddeutschland wurde sie früher »Kukumer« genannt. Ursprünglich stammt sie wohl aus Indien und wird schon seit Jahrtausenden genutzt. Die Römer waren wahrscheinlich die ersten, die sie sogar schon unter Glas züchteten. Im Mittelalter gelangte die Gurke über die Alpen und wurde zunächst als Heilmittel verwendet.

Die Früchte der Gurke, die botanisch zu den Beeren zählen, schmeckten ursprünglich bitter. Erst die Züchtung hat bitterfreie Sorten erzielt. Am besten kennen wir die langen, grünen Salatgurken und die kleineren Einlegegurken. Letztere heißen in Unterfranken übrigens »Kümmerli«. Daneben gibt es aber auch runde und ovale Formen in Grün, Weiß und Gelb.

Gurken im Garten

Gurken wollen von allem viel: viel Wärme, viel Wasser, viel Nahrung – und dazu noch einen windgeschützten Platz. Nach einer Vorkultur in Töpfen, setzt man die Jungpflanzen ab Mitte Mai aufs Beet. Um den Boden feucht zu halten und für Wärme zu sorgen, empfiehlt es sich, das Beet vorher mit schwarzer Folie abzudecken. Aber auch organisches Material ist geeignet zum Mulchen. Als Rankpflanzen können Gurken an einem Gitter gezogen werden. Mit wöchentlicher Düngergabe und reichlich Wasser, das aber niemals eiskalt sein darf, werden sie prächtig gedeihen.

Für eine reiche Ernte werden die Ranken geschnitten: Man kappt die Spitzen nach dem fünften Blatt, um die Bildung von Seitentrieben zu fördern. Auch diese werden eingekürzt, wenn das Beet oder Gitter dicht bewachsen ist. Die Früchte werden jung geerntet. Regelmäßiges Pflücken alle drei Tage fördert den Fruchtansatz.

Probleme bereiten häufig Pilzkrankheiten, wie Mehltau und Gurkenwelke, oder auch Virusinfektionen. Achten Sie deshalb beim Saatgutkauf unbedingt auf resistente Sorten.

Zucchini

Es ist noch gar nicht lange her, dass die stattlichen Pflanzen in unsere Gärten

ein-
gezogen sind. Noch in den 1980er-Jahren galten sie als echte Exoten. Im Eiltempo hat sich das mediterrane Gemüse seither einen Stammplatz im Garten erobert. Inzwischen weiß man auch bei uns, dass es bei Zucchini nicht auf möglichst große Exemplare ankommt – kleine nämlich sind wesentlich schmackhafter.

Zucchini *(Cucurbita pepo)* könnte man als Mittelding zwischen Gurke und Kürbis bezeichnen. Ihr italienischer Name »Zucchini« bedeutet nichts anderes als »kleiner Kürbis«. Zucchini gehören zu den Flaschenkürbissen. Sie wachsen nicht rankend und bilden Früchte, die – ähnlich wie Gurken – in Form und Farbe variieren. Jede Pflanze bildet männliche und weibliche Blüten. Nur aus den weiblichen Blüten entstehen Früchte.

Zucchini im Garten

Zucchini sind ausgesprochene Starkzehrer. Sie brauchen viel Wasser, Wärme und vor allem Platz! Eine einzige Pflanze beansprucht 1–2 m². Allerdings decken 1–2 Exemplare auch den Bedarf einer Familie. Nach den Eisheiligen dürfen sie gepflanzt werden und bilden dann, zwischen ihren mächtigen Blättern versteckt, ständig neue Blüten und Früchte. Die sollte man nicht größer als 10–20 cm werden lassen, denn in dieser Größe schmecken sie am besten. Eine besondere Delikatesse sind übrigens die Blüten der Zucchini.

Als Alternative zur Beetkultur gibt es auch eine Kletterzucchini. Sie wird am Gitter gezogen und ist durch den geringeren Platzbedarf auch für den Balkon geeignet.

Gurken und Zucchini in der Küche

Gurken sind besonders in der leichten Küche beliebt, denn sie enthalten viel Wasser, Mineralien und Vitamine bei gerade mal 12 Kalorien pro 100 g. Die knackigen, grünen Früchte können roh oder gegart verzehrt werden. In Scheiben, Stücke, Sticks oder Raspel geschnitten schmecken sie als Rohkost, Salate, zu Dips, in Drinks oder eben auch mal warm.

Vor der Zubereitung müssen Sie die Früchte eigentlich nur sorgfältig unter fließendem Wasser waschen und trocknen. Ob Sie Ihre Gurke zusätzlich noch schälen, bleibt ganz Ihrem persönlichen Geschmack überlassen. Eines sollten Sie noch wissen: Schon bei geringer Salzzugabe ziehen Gurken Wasser. Damit die wertvollen Inhaltsstoffe nicht verloren gehen, ist es sinnvoll, den ausgetretenen Gurkensaft mitzuverwenden.

Auch Zucchini sind in der Küche sehr unkompliziert. Durch ihren relativ geringen Eigengeschmack lassen sie sich unglaublich vielseitig kombinieren. Sie schmecken warm oder kalt und lieben Kräuter und Gewürze. Nach dem Waschen verarbeitet man die Früchte bis auf den Stiel komplett.

Für den Vorrat lassen sich Gurken und Zucchini wunderbar in Würzsud einlegen oder zu Chutney und Relish verkochen. Nur das Gefrierfach mögen die beiden gar nicht. Nach dem Auftauen sind sie reiner Matsch. Wenn Sie Ihre frisch geernteten Gurken oder Zucchini kurz zwischenlagern müssen, wählen Sie den kühlen Keller, nicht den Kühlschrank. Hier werden sie schnell weich und schlaff.

Eingelegte Zucchini mit Knoblauchchips

Das mögen Zucchini gerne: ein ausgedehntes aromatisches Bad. Je länger Sie das Gemüse durchziehen lassen, umso besser. Am besten schmeckt es nach einem Tag.

Für 4 Personen als Vorspeise

3 mittelgroße Zucchini
Olivenöl
400 g große Champignons
3 große Knoblauchzehen
2 EL frisch gehackter Rucola oder glatte Petersilie zum Bestreuen

Für die Marinade:
1–2 EL Aceto balsamico
1–2 TL Weißweinessig
125 ml Olivenöl
Salz, Pfeffer
1–2 EL frisch gehackter Rucola oder glatte Petersilie

Die Zucchini waschen und beide Enden abschneiden. Die Früchte längs in etwa 4 mm dicke Scheiben schneiden. Das Olivenöl in einer Pfanne erhitzen und die Zucchini darin bei mittlerer Hitze goldbraun braten. In eine flache Auflaufform legen.
Die Champignons trocken abreiben, putzen und ebenfalls in etwa 4 mm dicke Scheiben schneiden. In Olivenöl von jeder Seite etwa 2 Minuten braten. Zu den Zucchini in die Form legen.
Für die Marinade Essig, Öl, Salz, Pfeffer und Kräuter verquirlen. Über das Gemüse gießen, dabei darauf achten, dass die Marinade alles gut durchdringt. Das Gemüse abgedeckt mindestens 4 Stunden durchziehen lassen.
Für die Knoblauchchips den Knoblauch schälen. In einem kleinen Topf 3 Esslöffel Olivenöl erhitzen. 1 Knoblauchzehe hauchdünn ins heiße Öl hobeln und in etwa 1 Minute goldbraun braten. Herausheben und auf Küchenpapier abtropfen lassen. Die restlichen Zehen ebenso braten.
Zum Servieren das Gemüse portionsweise anrichten. Mit den Knoblauchchips und den restlichen Kräutern bestreuen.
Und dazu: frisches Weißbrot. Wer mag, legt noch ein paar Scheiben dünn geschnittene Salami oder rohen Schinken mit auf die Teller.

»Kümmerlesgemüs« (Gurkengemüse)

Frisch und sommerlich – genau richtig für heiße Tage. Das Gurkengemüse ist eine Spezialität aus dem Maintal, wo traditionell viele Gurken angebaut werden. Das Gemüse schmeckt jedoch auch mit Zucchini.

Für 4 Personen als Beilage

1 kg Gurken
3 EL Butter oder Pflanzenöl
Salz, Pfeffer
1 EL Zitronensaft
4 EL Schmand oder saure Sahne
1 EL frisch gehackter Dill
1 EL frisch gehackte Petersilie

Die Gurken schälen und beide Enden abschneiden. Die Früchte längs halbieren und die Kerne mit einem Löffel herausschaben. Die Hälften in 3–4 cm breite Stücke schneiden.

Die Butter in einem Topf erhitzen und die Gurkenstücke darin andünsten. Salzen, pfeffern und zugedeckt bei schwacher Hitze in etwa 10 Minuten bissfest garen.

Zitronensaft, Schmand und die Kräuter unter das Gemüse rühren. Nochmals abschmecken.

Und dazu: Bratwürste, Fleischküchle, kurz gebratenes Fleisch oder Fischfilet.

Gefüllte Zucchiniblüten

Zugegeben, das Füllen der Zucchiniblüten macht Arbeit und erfordert ein bisschen Fingerspitzengefühl. Aber das Ergebnis wird Sie dafür mehr als entschädigen.

Für 2–4 Personen

125 g Hähnchenbrustfilet
2 Schalotten
1 EL Butter
1 Bund Basilikum
1 Ei
1 TL Salz, Pfeffer
12 Zucchiniblüten
1 Zitrone
5 EL Olivenöl

Das Fleisch in kleine Stücke schneiden und im Mixer pürieren. Die Schalotten schälen und fein hacken. Die Butter in einer Pfanne erhitzen und die Schalotten darin glasig dünsten.
Das Basilikum waschen, trocken schütteln und die Blättchen zerpflücken. Fleischmasse, gedünstete Schalotten, Basilikum, Ei, Salz und Pfeffer verkneten.
Den Backofen auf 200 °C (Umluft 180 °C) vorheizen. Aus den Zucchiniblüten vorsichtig die Stempel herausdrehen. Die Fleischmasse einfüllen und die Blütenspitzen behutsam zusammendrehen.
Die Zitrone auspressen. Eine große Auflaufform mit 2 Esslöffeln Öl auspinseln und die Zucchiniblüten hineinlegen. Mit dem restlichen Öl und dem Zitronensaft beträufeln. Im Ofen (Mitte) 20–30 Minuten backen.

Gurken-Joghurt-Drink

Der erfrischt so richtig bei hochsommerlichen Temperaturen. Am besten servieren Sie den Drink gut gekühlt.

Für 4 Personen

1 Salatgurke (450 g)
450 g fettarmer Naturjoghurt (1,5 % Fett), Buttermilch oder Kefir
1/2–1 TL weißer oder grüner Meerrettich (aus dem Glas)
1–2 TL Weißweinessig
Salz
frisch gehackter Borretsch, Dill oder Minze

Die Gurke waschen und beide Enden abschneiden. Von der Gurke 4 dickere Scheiben abschneiden und für die Garnitur beiseitelegen. Die restliche Gurke grob zerteilen.
Gurkenstücke, Joghurt, Meerrettich und Essig im Mixer oder mit dem Pürierstab fein mixen.
Den Drink mit Salz würzen und in 4 hohe Gläser füllen. Die restlichen Gurkenscheiben an den Rand stecken und die Kräuter auf den Drink streuen. Sofort servieren.

Tomaten

Wie haben wir diesen Tag herbeigesehnt: Endlich wird im Garten die erste Tomate rot. Für so manchen Gärtner sind sie die Krönung seiner Arbeit im Gemüsegarten. Tomaten haben eine große Fangemeinde und sind gern gesehener Gast auf dem fränkischen Tisch. Noch sonnenwarm vom Stock gepflückt, dazu ein Butterbrot und etwas Salz – das ist pures Gartenglück! Wer gerne Tomaten isst, kann sich jetzt noch mehr freuen. Denn neuerdings gelten die roten Früchte als Anti-Aging-Mittel.

Souvenir aus Amerika

Die ***Tomate*** *(Solanum lycopersicum)* ist ein Mitbringsel aus der Neuen Welt. Christoph Kolumbus brachte sie wohl 1498 von seiner zweiten Amerikareise mit nach Spanien. Übrigens zusammen mit der Kartoffel, mit der sie als Nachtschattengewächs auch eng verwandt ist. Die Azteken hatten sie *xitomatl* genannt.

In Europa betrachtete man sie lange als Zierpflanze und gab ihr so schöne Namen wie Liebesapfel, Paradiesapfel oder Paradeiser, wie die Österreicher sie noch heute nennen. Erst seit Beginn des 20. Jahrhunderts wird sie als Gemüse in europäischen Gärten angebaut. Botanisch gesehen sind ihre Früchte übrigens Beeren.

»Treulose Tomaten«

Ja, auch diese Eigenschaft können Tomaten besitzen. Entstanden ist die Redensart im Ersten Weltkrieg. Damals konnte sich in Deutschland kaum jemand vorstellen, dass man Tomaten überhaupt essen kann. Sie reiften vor allem in Ziergärten, in Gemüsegärten klappte der Anbau nicht. In Italien dagegen verspeiste man die roten Früchte schon längst mit Genuss.

Die Redensart nun rührt daher, dass die Italiener sich im Krieg zunächst mit den Deutschen verbündet hatten, dann aber die Seiten wechselten. So setzte der deutsche Volksmund die treulosen, Tomaten essenden Italiener kurzerhand mit den so schwierig zu kultivierenden Tomatenpflanzen im Garten gleich – die treulose Tomate war geboren.

Tomaten im Garten

Die Sortenvielfalt der Tomaten ist riesig. Neben den üblichen roten, runden Früchten gibt es gelbe, grüne, violette, glatte, faltige, herzförmige oder ovale Tomaten in allen Größen. Wer selbst sät, hat eine große Auswahl an Sämereien.

Allerdings lohnt sich die eigene Anzucht nur, wenn man an einem sehr hellen Fensterplatz kräftige, gedrungene Jungpflanzen ziehen kann.
Tomaten verlangen viel Licht und Wärme, reichlich Nährstoffe und Wasser. Ab Mitte Mai, nach den letzten Frostnächten, pflanzt man sie auf ein gut vorbereitetes Beet. Die Jungpflanzen müssen tief, bis zum ersten Blatt, in die Erde kommen. Auch brauchen sie genug Abstand voneinander, 50–80 cm sollten es schon sein. Jede Pflanze bekommt einen Stab und wird regelmäßig angebunden. Aus den Blattachseln entstehen Seitentriebe, die wöchentlich »ausgegeizt« werden müssen. Andernfalls bilden die Tomaten mehr Blattmasse als Früchte. Wenn die Pflanzen 4–5 Fruchttrauben angesetzt haben, wird die Spitze gekappt. Mehr Früchte können in unseren Sommern nicht ausreifen. Grüne Früchte, die im Herbst draußen nicht mehr reif werden, können ins Haus geholt werden, wo sie problemlos nachreifen.

Auch der Balkongärtner kann in ausreichend großen Töpfen erfolgreich Tomaten ziehen. Besonders die kleinen Kirsch- oder Cocktailtomaten sind dafür bestens geeignet.

Hilfe, meine Tomaten sind krank!

Statt saftigen Blattwerks und hochroter Früchte nur welke Blätter und fleckige Tomaten – die Horrorvorstellung für jeden Gärtner. Da hat wohl wieder mal die gefürchtete Braun- und Krautfäule *(Phytophthora)* zugeschlagen. Diese Pilzkrankheit überwintert auf Pflanzenresten im Boden und infiziert die jungen Pflanzen wieder neu. Befallene Blätter werden welk, die Früchte bekommen braune Flecken und werden ungenießbar. Besonders bei feuchtem Wetter ist die Gefahr groß.

Aber Sie können vorbeugen: durch genügend Abstand zwischen den Pflanzen, die Auswahl widerstandsfähiger Sorten, das Entfernen der unteren Blätter jeder Pflanze und richtiges Gießen. Gießen Sie Ihre Tomatenpflanzen nie von oben, sondern nur auf den Boden, und besser morgens als abends. Eine weitere Möglichkeit ist das Überbauen der Tomaten mit einem Foliendach. Das ist zwar aufwendig, bietet

S. 161 Fruchtwechsel

aber den besten Schutz gegen zu viel Feuchtigkeit.

Ein entscheidender Faktor ist auch der Fruchtwechsel. Viele Jahre lang hielt man die Tomaten für selbstverträglich. Man konnte sie angeblich immer wieder auf denselben Platz pflanzen und sogar mit ihren eigenen Pflanzenresten düngen. Aber davon ist strengstens abzuraten! Mit *Phythophthora* befallene Früchte, Stängel und Blätter müssen restlos entfernt und über den Müll entsorgt werden. Sonst ist der Neuinfektion im Folgejahr Tür und Tor geöffnet. Wie bei allen Gemüsearten, ist auch bei den Tomaten ein konsequenter Fruchtwechsel Voraussetzung für gutes Gedeihen.

Tomaten in der Küche

Tomaten sind echte Allrounder. Neben Sauce schmecken sie als Suppe oder Dip, gefüllt oder geschmort, als Saft, Salat oder einfach aus der Hand. Sie vertragen sich gut mit Gewürzen, Kräutern, Fisch, Fleisch und auch mit Käse.
Und Tomaten liegen im Trend, besonders bei gesundheitsbewussten Menschen. Denn neben wichtigen Vitaminen und Mineralstoffen enthalten sie reichlich Lykopin. Dieser sekundäre Pflanzenstoff färbt nicht nur die Tomaten rot, sondern gilt auch als vorbeugend gegen bestimmte Krebsarten und Herz-Kreislauf-Erkrankungen. Lykopin ist hitzestabil, bleibt also beim Kochen erhalten. Servieren Sie ruhig öfter eine Tomatensauce – Ihr Körper wird es Ihnen danken.

Tomaten besitzen einen Stielansatz. Er wird beim Verzehr als holzig empfunden und enthält in geringen Mengen das giftige Solanin. Bei der Zubereitung schneiden Sie ihn deshalb einfach aus der Frucht.
In der Tomatenhaut stecken wertvolle Inhaltsstoffe, die Sie am besten mitessen. Bei Suppen oder Saucen kann die Haut aber stören. Zum Häuten schneiden Sie den Stielansatz heraus und ritzen die Tomaten an der Rundung kreuzweise ein. Legen Sie die Früchte dann etwa 20 Sekunden in kochendes Wasser. Anschließend mit einer Schaumkelle herausheben und kalt abschrecken. Jetzt lässt sich die Haut leicht abziehen.

Müssen Sie Ihre frisch geernteten Tomaten ein paar Tage lagern, bewahren Sie sie unbedingt bei Zimmertemperatur auf. Bitte nicht im Kühlschrank, denn hier büßen sie an Aroma ein.

Geröstete Tomatensuppe mit »Bröckeli«

Die gute alte Tomatensuppe ... kann man auch mal anders zubereiten: im Ofen. Hier entfalten die Tomaten ihr volles Aroma. Für diese Art der Zubereitung müssen die Früchte nicht makellos sein, aber schön reif.

Für 4 Personen

1,2–1,5 kg vollreife Tomaten
3 Knoblauchzehen
2 rote Zwiebeln
Salz, Pfeffer
1/2 TL Zucker
2 EL Aceto balsamico
Olivenöl zum Beträufeln
3–4 Stängel Basilikum
heiße Gemüsebrühe (bei Bedarf)
4 EL Schmand oder Crème fraîche zum Servieren

Für die Bröckeli:
4 Scheiben Weißbrot
1 EL Butter

Den Backofen auf 170 °C (Umluft 150 °C) vorheizen. Die Tomaten waschen und vierteln. Dabei die Stielansätze entfernen. Knoblauch und Zwiebeln schälen und grob hacken.
Tomaten, Knoblauch und Zwiebeln in eine Auflaufform geben. Mit Salz, Pfeffer und Zucker würzen. Den Essig zugeben und alles mit Olivenöl beträufeln. Das Gemüse mit den Händen sorgfältig durchmischen. Im Ofen (Mitte) 20 Minuten rösten.
Inzwischen für die Bröckeli das Weißbrot in Würfel schneiden. Die Butter in einer Pfanne erhitzen und die Brotwürfel darin goldbraun rösten. Beiseitestellen.
Die Tomaten aus dem Ofen nehmen und in einen großen Topf füllen. Das Basilikum waschen und trocken schütteln. Die Blättchen abzupfen, grob zerpflücken und unter die Tomaten heben. Das Gemüse 1 Minute durchziehen lassen. Dann mit dem Pürierstab oder im Mixer fein pürieren. Ist die Suppe zu dick, mit heißer Gemüsebrühe bis zur gewünschten Konsistenz verdünnen.
Die Suppe nochmals mit Salz, Pfeffer, Zucker und Essig abschmecken. In 4 Schalen füllen und auf jede Portion einen Klecks Schmand setzen. Sofort mit den Bröckeli servieren.

Flammkuchen mit Tomatenragout

Ein schnelles Essen im Sommer. Das rohe Tomatenragout können Sie auch mal zu Nudeln servieren. Wenn Sie es pikanter mögen, geben Sie noch ein Bund gehackten Schnittlauch zu den Tomaten. Blitzschnell geht's mit einer Rolle fertigem Flammkuchenteig aus dem Kühlregal.

Für 2 Stück

225 g Mehl + Mehl zum Arbeiten
4 EL Olivenöl
1 Eigelb
Salz, Pfeffer
1 Kugel Mozzarella (125 g)
200 g Sauerrahm
Crema di Balsamico zum Servieren

Für das Tomatenragout:
300 g reife Tomaten
1 Bund Basilikum oder glatte Petersilie
3 EL Olivenöl
1 EL Aceto balsamico
Salz, Pfeffer

Mehl, 2 Esslöffel Öl, Eigelb, 1/2 Teelöffel Salz und 100 ml Wasser zu einem glatten Teig verkneten. Den Teig zu einer Kugel formen, mit 1 Esslöffel Öl bestreichen und in Frischhaltefolie wickeln. Bei Raumtemperatur 30 Minuten ruhen lassen.
Inzwischen den Mozzarella abtropfen lassen und sehr klein würfeln. Sauerrahm mit 1 Esslöffel Olivenöl glatt rühren. Die Mozzarellawürfel unterheben und mit Salz und Pfeffer abschmecken.
Für das Tomatenragout die Tomaten waschen und halbieren. Die Stielansätze entfernen und die Hälften in kleine Würfel schneiden. Das Basilikum waschen und trocken schütteln. Die Blättchen klein zupfen. Tomatenwürfel, Basilikum, Öl und Essig mischen. Mit Salz und Pfeffer würzen.
Den Backofen auf 240 °C (Umluft 220 °C) vorheizen. Zwei Backbleche mit Backpapier belegen. Die Teigkugel halbieren. Jede Portion auf der bemehlten Arbeitsfläche zu einem dünnen Fladen ausrollen. Die Fladen aufs Blech legen und mit der Sauerrahmsauce bestreichen. Nacheinander im Ofen (unten) 10–12 Minuten backen.
Das Tomatenragout auf den gebackenen Fladen verteilen, mit etwas Crema di Balsamico beträufeln und sofort servieren.

Klassische Tomatensauce

Für den Klassiker brauchen Sie nur wenige Zutaten. Wenn Sie keine Häutchen in der Sauce mögen, ziehen Sie die Tomaten vor der Zubereitung ab. Für den Vorrat können Sie die Sauce heiß in Schraubgläser füllen oder auch tiefkühlen.

Für 3–4 Personen

500 g vollreife Tomaten
1 kleine Zwiebel
1 Knoblauchzehe
1–2 Stängel Basilikum oder glatte Petersilie
2 EL Öl
Salz, Pfeffer
1/2 TL Zucker

Die Tomaten waschen und vierteln. Die Stielansätze entfernen und die Hälften in Würfel schneiden. Zwiebel und Knoblauch schälen und fein hacken. Das Basilikum waschen und trocken schütteln. Die Blättchen abzupfen.

Das Öl in einem Topf erhitzen. Zwiebel und Knoblauch darin glasig dünsten. Die Tomatenwürfel einrühren. Mit Salz, Pfeffer und Zucker würzen. Den Basilikumstängel zugeben. Alles offen bei mittlerer Hitze etwa 30 Minuten köcheln lassen, bis die Sauce dicklich ist.

Den Basilikumstängel entfernen und die Sauce nach Wunsch fein pürieren. Die Basilikumblättchen fein zupfen und unter die Sauce heben. Mit Salz, Pfeffer und Zucker abschmecken und servieren.

Und dazu: Nudeln in jeder Form, aber auch gebratene Fleischbällchen oder mit Semmelbröseln und Parmesan panierte Schnitzel.

Für **Tomaten-Gorgonzola-Sauce** die Sauce mit Petersilie zubereiten. Nicht pürieren, sondern 125 g Gorgonzola darin schmelzen lassen. Mit Chiliflocken oder Cayennepfeffer pikant abschmecken. Dazu passen Spaghetti.

Herbst -

Zeit zum Ernten

Die Natur draußen schlüpft in ein buntes Gewand, die Herbstsonne taucht die Landschaft in ein warmes Licht. Die »goldene Jahreszeit« bricht an, und wir freuen uns auf einen schönen, sonnigen Herbst.

Im Gärtla herrscht noch Hochbetrieb. Die Ernte ist in vollem Gange. Der September ist der klassische Erntemonat für Zwetschgen, Äpfel und Birnen. Alles muss gepflückt und eingelagert werden. Auch das letzte Sommergemüse kommt aus dem Beet. Danach sind nur noch Nüsse, Quitten, Kürbisse und die Wintergemüse übrig.
Wie lecker und saftig süß schmeckt doch das voll ausgereifte Obst nach einem ganzen Sommer voller Sonne. In der Küche lassen sich daraus herrliche Leckereien zaubern: feine Kuchen und Kompott zum Sofortessen, Konfitüre oder Saft für den Vorrat. Was vom Gemüse nicht eingelagert wird, wandert in Pfanne, Topf und Ofen. Die Herbstküche darf ruhig etwas deftiger ausfallen.

Zeit zu gehen

Doch die spürbar kürzer werdenden Tage läuten bereits das Ende der Gartensaison ein. Die schon kühleren, aber noch nicht zu kalten Monate September und Oktober sind ideal, um letzte Arbeiten zu erledigen und den Garten für den Winter vorzubereiten.

»Durch des September heitern Blick schaut noch einmal der Mai zurück.«

Also her mit Spaten und Grabgabel. Die abgeernteten Beete müssen umgegraben und mit Laub, Gemüseschnitt oder Stallmist gedüngt werden. Auch neue Beete legt man am besten jetzt an. Der erfahrene Gärtner weiß: Eine gute Herbstpflege ist der Grundstein für eine erfolgreiche Saison im kommenden Jahr.

Zwetschgen

Die blauvioletten Früchte mit dem goldgelben Fruchtfleisch gehören zu den beliebtesten Obstsorten. Ihre Zeit beginnt, wenn der Sommer langsam ausklingt, doch mit ihrem fruchtig-süßen Aroma trösten sie locker über das Ende der warmen Jahreszeit hinweg.

Die leckeren Früchtchen stecken voller gesunder Vitamine und Mineralstoffe. Damit stärken sie unser Immunsystem, helfen bei Stress und bringen die Verdauung in Schwung. Schon die antiken Römer schätzten die Verdauungshelfer sehr: »Nimm Pflaumen für des Alters morsche Last, denn sie pflegen zu lösen den hart gespannten Bauch.« Durchschlagende Wirkung entfalten übrigens besonders getrocknete Zwetschgen.

Wir Franken lieben die Zwetschgen vor allem als Ausgangsmaterial für Schnaps, den guten »Zwetschger«, und für köstlichen »Zwetschgenblootz«. Gerade fürs Backen sind Zwetschgen goldrichtig, denn sie sind festfleischig, gut steinlösend und behalten Form und Biss.

»Zwetschgermoo« und »Zwetschgenmännla«

Die beiden kennen Sie nicht? Doch, bestimmt. Zunächst zum »Zwetschgermoo«. Zugegeben, es ist schon etwas ruppig, aber so nennt man einen spindeldürren Menschen auf gut Fränkisch nun mal. Da fällt Ihnen doch sicher gleich jemand ein.
Dem Zweiten begegnen Sie in der Adventszeit auf dem Nürnberger Christkindlesmarkt. Es ist eine bunt bekleidete Drahtfigur aus Dörrzwetschgen. Was viele vergessen haben, das »Zwetschgenmännla« hat einen ernsten Hintergrund: Einst wurde es in der Weihnachtsnacht als Speiseopfer an Arme und Bedürftige verteilt, um auch sie am Fest teilhaben zu lassen. Heute bringt ein zu Weihnachten oder zu Neujahr verschenktes »Zwetschgenmännla« Glück und Geld ins Haus. Zwischenzeitlich hat sich seine Familie stark vergrößert, vom »Zwetschgenweibla« über den Schornsteinfeger bis hin zum Fußballfan. Aufgewachsen sind sie jedoch alle im fränkischen Gärtla.

Pflaume oder Zwetschge?

Die Norddeutschen machen da nicht viel Federlesens: Sie sprechen grundsätzlich von Pflaumen, wir Franken sagen lieber

»Zwetschger«. In der Botanik jedoch wird streng zwischen Pflaumen und Zwetschen (ohne »g«) unterschieden. Die ***Hauspflaume*** *(Prunus domestica)* steht als Sammelart für eine ganze Reihe von verschiedenen pflaumenartigen Früchten: Die runden Gartenpflaumen, Mirabellen und Renekloden gehören zur Gruppe der Pflaumen. Sie können gelb, rot oder violett gefärbt sein. Die länglich ovalen, meist blauvioletten Früchte sind Zwetschen. Sie alle sind Mitglieder der Familie der Rosengewächse und gehören, wie die Kirschen, zum Steinobst. Ihre Samen liegen in einem steinharten Kern, der von Fruchtfleisch umgeben ist.

Zwetschgen im Garten

Die Bäume sind nur als Halb- oder Hochstamm zu haben. Kleinwüchsige Sorten gibt es leider nicht. Das bedeutet, für einen Zwetschgenbaum braucht man Platz!

Die Zwetschgen zählen zu den anspruchslosesten Obstarten überhaupt und wachsen auf jedem gesunden Gartenboden. Da sie selbstfruchtbar sind, muss man nicht unbedingt einen zweiten Baum als Pollenspender in der Nähe haben. Allerdings ist der Befruchtungserfolg immer größer, wenn verschiedene Sorten vorhanden sind. Bei der Wahl der Sorte sollte man neben der Anfälligkeit für Krankheiten auch den Reifezeitpunkt beachten. Späte Zwetschgen bleiben bis zu den ersten kalten Nächten am Baum und werden dann erst richtig süß. In diesem Zusammenhang spricht man vom »Zwetschgennebel«, der den Früchten das richtige Aroma gibt.

Der Schnitt der Bäume erfolgt während oder nach der Ernte. Dabei werden zu lange, senkrechte Triebe und nach innen wachsende Äste entfernt.

Bei der Ernte pflückt man nicht nur die reifen Früchte, sondern entfernt gleichzeitig auch die trockenen Fruchtmumien. Auf ihnen nämlich überdauern Pilze und andere Krankheitserreger den Winter und befallen den Baum dann im nächsten Jahr.

Zwetschgen in der Küche

Frisch vom Baum genascht, sind Zwetschgen ein echter Gaumenschmaus, als Kuchenbelag sind sie ein Klassiker. Aber die violetten Früchte schmecken auch als Kompott, Mus oder Chutney, als Knödelfüllung, im Rumtopf oder auch mal herzhaft zubereitet zu Fleisch. Da bleibt wirklich kein Küchenwunsch offen.

Reife Zwetschgen sind von einem wachsartigen, weißlichen Duftfilm umschlossen. Dieser natürliche Reif schützt die Früchte vor dem Austrocknen. Waschen Sie die Früchte erst kurz vor Verzehr oder Zubereitung, um diesen Schutzfilm möglichst lange zu erhalten.

Für den Vorrat können Sie Ihre frischen Zwetschgen problemlos einfrieren. Dafür halbieren und entsteinen Sie die Früchte und schichten sie zum Tiefkühlen in Gefrierdosen oder -beutel. Wer mag, kann die Früchte auch nebeneinander auf einem Tablett ins Gefrierfach stellen und dann erst in Dosen füllen. So kleben die Zwetschgen nicht aneinander. Tiefgekühlte Zwetschgen sind etwa 1 Jahr haltbar.
Wenn Sie einen Dörrapparat besitzen, können Sie die Früchte auch trocknen (darren). Bei 40–50 °C dauert das jedoch 10–12 Stunden. Der häusliche Backofen empfiehlt sich dafür nicht, denn hier braucht das Darren etwa zwei Tage.

Gefüllte Zwetschgen

Ein kleiner, feiner Gruß aus dem Obstgarten.

Für 4 Personen als Vorspeise

etwa 20 Zwetschgen
150 g Frischkäse
2 EL Zwetschgenschnaps
Pfeffer
Mandelblättchen

Die Zwetschgen waschen und längs aufschneiden. Die Früchte aufklappen und entsteinen. Den Frischkäse mit Zwetschgenschnaps glatt rühren. Mit Pfeffer würzen. Die Creme in einen Spritzbeutel füllen und in die Zwetschgen spritzen. Die Früchte wieder leicht zusammenklappen und mit Mandelblättchen garnieren.

Zwetschgenröllchen

Die Kombination von Schweinefleisch und Backpflaumen kennen Sie vielleicht aus der skandinavischen Küche. Probieren Sie diese fränkische Variante mit frischen Zwetschgen.

Für 4 Personen

500 g Zwetschgen
8 Minutensteaks vom Schwein
Salz, Pfeffer
1 EL frisch gehackter Majoran
(oder 1 TL getrockneter)
8 dünne Scheiben Frühstücksspeck
1 Zweig Rosmarin
2 EL Butterschmalz
200 ml Gemüsebrühe
Aceto balsamico
Zucker
1 EL Speisestärke (bei Bedarf)
Zahnstocher zum Fixieren

Die Zwetschgen waschen und längs aufschneiden. Die Früchte aufklappen und entsteinen. 8 Zwetschgen wieder zusammenklappen, die restlichen halbieren. Die Steaks behutsam flach klopfen. Mit Salz, Pfeffer und Majoran würzen. Auf jedes Steak 1 Scheibe Speck und 1 Zwetschge legen. Aufrollen und mit 1 Zahnstocher feststecken. Den Rosmarinzweig waschen und trocken schütteln. Das Butterschmalz in einem Topf erhitzen. Die Röllchen darin rundum scharf anbraten. Rosmarin und die restlichen Zwetschgen zugeben. Mit Brühe ablöschen und zugedeckt etwa 15 Minuten köcheln lassen.
Die Röllchen und den Rosmarin herausnehmen. Sauce mit Essig, Zucker, Salz und Pfeffer abschmecken, bei Bedarf mit 1 Esslöffel Speisestärke binden. Die Röllchen wieder in die Sauce legen und nochmals kurz darin ziehen lassen.
Und dazu: Kartoffelpüree oder frisches Weißbrot und ein grüner Salat.

Würziges Zwetschgenkompott

Zwetschgen vertragen sich gut mit Gewürzen, wie dieses Kompott zeigt. Wenn Sie sehr süße Früchte haben, nehmen Sie etwas weniger Zucker.

Für 4 Personen

700 g Zwetschgen
1 Stück frischer Ingwer (etwa 20 g)
75 g Zucker
200 ml Apfelsaft
1 Vanilleschote
1 Zimtstange
1 Lorbeerblatt
1 Stück Bio-Orangenschale
1 Stück Bio-Zitronenschale

Die Zwetschgen waschen, halbieren und entsteinen. Den Ingwer schälen und in dünne Scheiben schneiden.
Zwetschgen, Ingwer, Zucker und Apfelsaft in einen Topf geben. Die Vanilleschote längs aufritzen und das Mark herausschaben. Schote und Mark, Zimtstange und Lorbeerblatt, Orangen- und Zitronenschale zu den Zwetschgen geben. Aufkochen und zugedeckt etwa 5 Minuten köcheln lassen, bis die Zwetschen weich sind, aber nicht zerfallen. Das Kompott vom Herd nehmen und lauwarm abkühlen lassen. Die Gewürze entfernen und servieren.
Und dazu: natürlich Hefeklöße, aber auch Pfannkuchen, Milchreis oder eine Kugel Eis.

Sommeracher Zwetschgenblootz

Der »Blootz« oder »breite Kuchen« war ursprünglich rund. Auf dem fränkischen Land ließen die Hausfrauen ihn früher beim örtlichen Bäcker backen. Für einen Apfelblootz belegen Sie den Teig einfach mit 1 kg Apfelspalten.

Ergibt 20 Stücke

500 g Mehl
3/4 Würfel Hefe (30 g)
250 ml lauwarme Milch
80 g Butter + Butter fürs Blech
2 Eier
50 g Zucker
1/2 TL Salz

Für den Belag:
1,5 kg Zwetschgen
150 g gehackte Mandeln
50 g Zucker
1/2 TL Zimt

Das Mehl in eine Schüssel sieben und eine Mulde hineindrücken. Die Hefe in der Milch auflösen. In die Mulde gießen und mit wenig Mehl zu einem Vorteig verrühren. Den Vorteig abgedeckt an einem warmen Ort 15 Minuten gehen lassen.

Die Butter schmelzen. Flüssige Butter, Eier, Zucker und Salz zum Vorteig geben. Alles zu einem glatten Teig verkneten. Den Teig nochmals abgedeckt 30 Minuten gehen lassen. Ein Backblech fetten.

Für den Belag die Zwetschgen waschen, halbieren und entsteinen. Den Teig auf dem Blech ausrollen und in dichten Reihen dachziegelartig mit den Zwetschgen belegen und mit Mandeln bestreuen. Den Kuchen nochmals 15 Minuten gehen lassen.

Den Backofen auf 200 °C (Umluft 180 °C) vorheizen. Den Kuchen im Ofen (Mitte) 20–30 Minuten backen. Zucker und Zimt mischen und auf den warmen Kuchen streuen.

Und dazu: frisch gebrühter Kaffee – oder auch »ä Schöpple« Wein. Gerne wird der Zwetschgenblootz in Franken auch **mit Streuseln** gebacken. Dafür 400 g Mehl, 200 g weiche Butter, 200 g Zucker und 1 Päckchen Vanillezucker mit den Fingern zu Streuseln verreiben. Diese anstelle der Mandeln auf den Zwetschgen verteilen. Wie beschrieben backen.

Äpfel und Birnen

Sie haben sich von der Spätsommersonne noch ein wenig verwöhnen lassen. Jetzt biegen sich die Bäume unter der Last der reifen Früchte. Im Gärtla sind Äpfel und Birnen reif. Sie sind die wichtigsten Vertreter des Kernobstes, zu dem auch Quitte, Mispel und Eberesche gehören. Ihr typisches fünfteiliges Kernhaus wird in einem alten Kinderrätsel beschrieben: »Ein Häuschen mit fünf Stübchen, drin wohnen braune Bübchen. Nicht Tür noch Tor führt ein und aus, wer sie besucht, verzehrt das Haus.« Aufgrund dieses Kernhauses gelten Äpfel und Birnen botanisch als Sammelbalgfrucht.

Der Apfel

Der ***Apfel*** *(Malus domestica)* gehört zu den ältesten Kulturpflanzen. Schon seit jeher nutzen die Menschen seine Früchte und verehren sie in vielfältiger Weise als Liebes- und Lebensapfel. Jeder kennt den verbotenen Apfel aus dem Paradies und den Reichsapfel als Symbol der Macht. Auch in der Märchenwelt begegnet uns die rotwangige Frucht. So entrinnt Schneewittchen im Märchen der Brüder Grimm dem Tod durch einen vergifteten Apfel auf wundersame Weise.

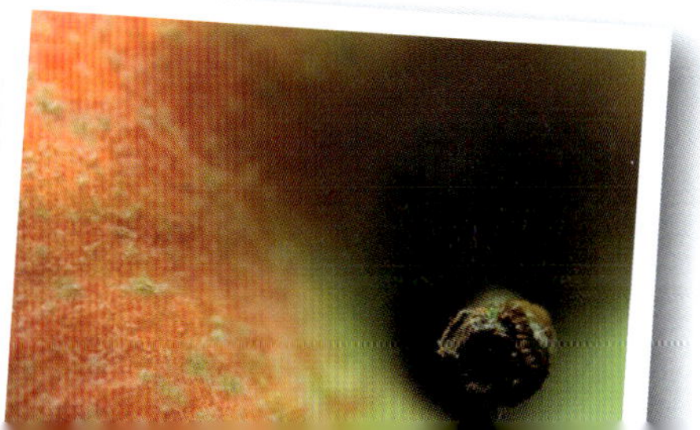

Bis heute sind durch gezielte Auslese und Züchtung unzählige Sorten entstanden. Ein ganzer Wissenschaftszweig, die Pomologie, beschäftigt sich ausschließlich mit den Apfelsorten, von denen es allein in Deutschland mehr als 1500 gibt! Welch eine Vielfalt verglichen mit den wenigen Sorten, die man im Handel findet. Viele alte Sorten, die schon fast verschwunden waren, werden heute wieder vermehrt und in guten Baumschulen angeboten.

Äpfel im Garten

Erfreulicherweise gibt es neben den raumgreifenden Halb- und Hochstammbäumen auch ein großes Angebot an Spindelbüschen, Buschbäumen und sogar Zwergbäumchen, die man in kleinen Gärten problemlos unterbringt. Allerdings ist der Apfel ein Fremdbestäuber, braucht also einen anderen Apfelbaum, der natürlich auch beim Nachbarn stehen kann, als Pollenspender. An den Boden stellt der Apfel keine besonderen Ansprüche. Als Flachwurzler will er gleichmäßige Wasserversorgung und ist dankbar für eine gemulchte Baumscheibe.

Nach der Reifezeit unterscheidet man zwischen Sommer-, Herbst- und Winteräpfeln. Die Sommeräpfel, wie der Klarapfel, reifen schon im Juli und sind nicht lagerfähig, sondern müssen sofort verzehrt oder verarbeitet werden. Herbstäpfel (z. B. Gravensteiner, Ontario, James Grieve) werden im September/Oktober geerntet und sind entweder sofort genussreif oder können noch einige Wochen gelagert werden. Die Winteräpfel (z. B. Glockenapfel, Cox Orange, Boskoop) erntet man im Oktober/November, vor den ersten Frostnächten. Sie sind dann aber noch nicht genussreif, sondern müssen im Lager noch nachreifen und sind einige Monate lagerfähig.

Während der Nachreife bilden die Äpfel Ethylen, ein Gas, das die Reife von anderem Obst und Gemüse beschleunigt. Deshalb sollte man Äpfel immer getrennt aufbewahren.

Die Birne

Schon der griechische Dichter Homer mochte Birnen. Für ihn waren sie eine Göttergabe. In unseren Breiten galten Birnbäume in den Gehöften früher als »Schutzbäume« gegen Hexen. Man pflanzte sie in die Nähe des Bauernhauses und ließ bei der Ernte stets ein paar schöne Birnen für die Schutzgeister am Baum hängen.

Häufig sieht man an alten Bauernhäusern auch Birnbäume als Spalier gezogen. Das ist nicht nur sehr dekorativ, sondern hat seinen Grund in dem höheren Wärmebedarf der Bäume. Die ***Birne*** *(Pyrus communis)* blüht nämlich im April schon vor den Äpfeln. Um die Gefährdung durch Spätfröste gering zu halten, gibt man den Bäumen einen möglichst geschützten Platz. Sie vertragen den Schnitt sehr gut und profitieren von der wärmespeichernden Wand. Aber auch als frei stehender Baum, besonders in Form eines kleinwüchsigen Spindel- oder Zwergbaumes, bereichert eine Birne jeden Garten.

Auch die Birne ist als Fremdbestäuber auf benachbarte Artgenossen angewiesen. Die Sortenvielfalt ist nicht so groß wie beim Apfel, aber auch hier sollte man sich hinsichtlich Reifezeit, Lagerfähigkeit und Krankheitstoleranz gut beraten lassen.

Baumschnitt

Apfel- und Birnbäume müssen regelmäßig und fachkundig beschnitten werden. Nur so erzielen Sie gute Ernten. Zu diesem komplexen Thema finden interessierte Gartenbesitzer eine Fülle von Fachliteratur. Vielerorts werden auch kostenlose Baumschnittkurse angeboten.

Äpfel und Birnen in der Küche

»An apple a day keeps the doctor away«, wer kennt diesen Satz nicht. Doch er kommt nicht von ungefähr, denn Äpfel halten uns mit über 30 verschiedenen Vitaminen und Mineralstoffen gesund und munter. Darüber hinaus enthalten sie viel Pektin. Dieser Ballaststoff unterstützt und reguliert die Verdauung und hilft beim Abtransport von Giftstoffen.

Dem stehen Birnen in nichts nach. Sie sind sehr viel säureärmer als Äpfel und deshalb meist auch besser verträglich. Auch sie enthalten reichlich Vitamine und Mineralstoffe, regen die Verdauung an, wirken entschlackend, entwässernd – und nervenstärkend.

Ihre positive Wirkung entfalten Äpfel und Birnen am besten roh. Vor dem Verzehr müssen sie eigentlich nur gewaschen werden. Ob Sie die Früchte zusätzlich noch schälen, ist reine Geschmackssache und beim Kochen natürlich abhängig vom Rezept. Wer die beiden jedoch samt Schale verzehrt, tut auf jeden Fall mehr für seine Gesundheit, denn hier sitzen weitaus die meisten der gesunden Inhaltsstoffe.

In der Küche sind Äpfel echte Allrounder. Sie schmecken süß wie auch pikant, in Auflauf, Kuchen, Kompott, als Mus oder Saft. Als Faustregel gilt: In süße Gerichte passen eher säuerliche Äpfel, in pikante Gerichte dagegen süßere Sorten.

Reife Birnen verwöhnen unseren Gaumen mit zartem Schmelz und feiner Süße. Sie eignen sich gut für Kompott oder Mus, schmecken in Kuchen und als Dessert. Aber auch zu herzhaften Gerichten und Käse passen Birnen sehr gut. Und natürlich lieben wir Franken sie in flüssiger Form: als Birnenschnaps nach dem Essen.

Winzersuppe mit Birne und Zimtbrot

Ein feines Süppchen für kühle Herbsttage, das Gärtnern und Winzern gleichermaßen schmeckt.

Für 4 Personen

1 Zwiebel
3 1/2 EL Butter
3 EL Mehl
400 ml Silvaner oder
anderer trockener Weißwein
600 ml Gemüsebrühe
2 Scheiben Bauernbrot
1 Prise Zimt
1 Birne
1/2 Bund Schnittlauch
200 ml Sahne
Salz, Zucker

Die Zwiebel schälen und fein würfeln. In einem Topf 2 Esslöffel Butter erhitzen und die Zwiebel darin bei schwacher Hitze glasig dünsten. Das Mehl einstreuen und kurz unter Rühren mitdünsten. Wein und Gemüsebrühe zugießen. Aufkochen und zugedeckt bei mittlerer Hitze 15 Minuten köcheln lassen.

Inzwischen das Brot in kleine Würfel schneiden. In einer Pfanne 1 Esslöffel Butter erhitzen und die Brotwürfel darin goldbraun rösten. Mit etwas Zimt bestäuben und aus der Pfanne nehmen.
Die Birne schälen, vierteln und entkernen. Die Viertel klein würfeln. Die restliche Butter in der Pfanne erhitzen und die Birnenwürfelchen darin bei mittlerer Hitze 2 Minuten glasig braten.
Den Schnittlauch waschen, trocken schütteln und in Röllchen schneiden. Die Sahne steif schlagen. Die Hälfte der Schlagsahne zur Suppe geben und diese mit dem Pürierstab einmal durchmixen. Mit Salz und 1 Prise Zucker würzen.
Die Suppe portionsweise in Suppenschalen anrichten. Jeweils 1 Klecks Schlagsahne daraufsetzen und mit Zimtbrot, Birnenwürfeln und Schnittlauch bestreuen.

Steigerwälder Apfelkoteletts

Äpfel, Zwiebeln und Tomaten wachsen in fast jedem fränkischen Garten. Zusammen mit Schweinefleisch und Wein vereint dieses schnelle Gericht alle Aromen Frankens in sich.

Für 4 Personen

4 Zwiebeln
4 Äpfel
4 Tomaten
Salz, Pfeffer, Zucker
4 magere Schweinekoteletts (à 180 g)
3 EL Butterschmalz
125 ml trockener Weißwein
oder Apfelmost

Die Zwiebeln schälen und in dünne Scheiben schneiden. Die Äpfel schälen, vierteln und das Kerngehäuse entfernen. Die Viertel längs in dünne Spalten schneiden. Die Tomaten halbieren, dabei den Stielansatz entfernen und in Scheiben schneiden. Äpfel und Tomaten leicht mit Salz und Zucker würzen.

Den Backofen auf 80 °C vorheizen. Die Koteletts etwas flach klopfen. Mit Salz und Pfeffer würzen. 2 Esslöffel Butterschmalz in einer Pfanne erhitzen. Die Koteletts darin portionsweise bei mittlerer Hitze von jeder Seite goldbraun braten. Herausnehmen und im Ofen warm stellen.

Das restliche Butterschmalz in die Pfanne geben und die Zwiebeln darin glasig dünsten. Den Apfel-Tomaten-Mix zugeben. Alles 5–10 Minuten weiterdünsten, bis die Äpfel weich sind, aber nicht zerfallen. Mit dem Weißwein ablöschen. Den ausgetretenen Fleischsaft unterrühren und das Gemüse mit Salz, Pfeffer und Zucker abschmecken. Die Koteletts auf das Gemüse legen und servieren.

Und dazu: Kartoffelpüree.

Apfelküchle

»Madla mogst an Apfelkrapfen, ja mei Madla dees wär recht …«, heißt es in einem fränkischen Kärwalied. Mit knusprigen Apfelküchle kann man immer locken. Frisch gebacken schmecken sie als süßes Hauptgericht oder als Dessert.

Für 4 Personen

200 g Mehl
2 Eier
2 EL Öl
125 ml Milch
125 ml Bier oder Mineralwasser
1 Prise Salz
1 EL Zucker
4 große säuerliche Äpfel (etwa 1 kg)
Butterschmalz zum Ausbacken

Für den Zimtzucker:
100 g Zucker
2 TL Zimt

Das Mehl in eine Schüssel sieben. Die Eier trennen. Eigelbe, Öl, Milch, Bier, Salz und Zucker zum Mehl geben. Alles rasch zu einem glatten Teig verrühren. Den Teig an einem warmen Ort 1 Stunde quellen lassen.
Die Äpfel schälen und das Kerngehäuse herausstechen. Die Äpfel in 1 cm dicke Scheiben schneiden. Die Eiweiße steif schlagen und behutsam unter den Teig heben.
In einer Pfanne mit hohem Rand reichlich Butterschmalz erhitzen. Die Apfelringe einzeln mit einer Gabel durch den Backteig ziehen. Sofort im heißen Schmalz schwimmend knusprig goldbraun ausbacken. Dabei einmal wenden. Herausnehmen und auf Küchenpapier kurz abtropfen lassen.
Für den Zimtzucker Zucker und Zimt mischen. Die heißen Apfelküchle damit bestreuen und sofort servieren.
Und dazu: hausgemachte Vanillesauce, eine Kugel Vanilleeis oder ganz pur.

Herbstkönigin

Nur Birnen im Marmeladenglas schmecken ein bisschen fad. Erst zusammen mit anderen Früchten entfalten sie ihr ganzes Aroma. Besonders fein sind sie in Kombination mit Kürbis, mit Zwetschgen oder wie hier mit Äpfeln.

Ergibt 5–6 Gläser (à 250 ml)

400 g Äpfel
400 g Birnen
1 Zitrone
50 g Holunderbeeren oder Sultaninen
25 g Mandelblättchen
200 ml Apfelsaft
1 Päckchen Bourbon-Vanillezucker
1 TL Zimt
500 g Gelierzucker 2:1

Äpfel und Birnen schälen, vierteln und die Kerngehäuse entfernen. Die Viertel in sehr kleine Würfel schneiden. Jeweils 350 g abwiegen. Die Zitrone auspressen und den Saft über die Fruchtwürfelchen träufeln.

Die Holunderbeeren nur bei Bedarf behutsam waschen und von den Rispen zupfen.

Apfel- und Birnenwürfelchen, Holunderbeeren, Mandelblättchen, Apfelsaft, Vanillezucker, Zimt und Gelierzucker in einem großen Topf mischen. Unter Rühren aufkochen und nach Packungsangabe etwa 4 Minuten sprudelnd kochen lassen.

Die Konfitüre sofort in vorbereitete Schraubgläser füllen. Verschließen und 5 Minuten auf den Deckel stellen. Umdrehen und abkühlen lassen.

Mangold und Rote Rüben

Lange Zeit waren diese beiden nur etwas für absolute Liebhaber. Dabei wuchsen Mangold und Rote Rüben früher in jedem Bauerngarten und ernährten in Notzeiten ganze Familien. Erst seit die Köche der gehobenen Gastronomie die vergessenen Gemüse auf der Suche nach »neuen« Zutaten entdeckten, erleben sie auch in den fränkischen Gärten wieder eine Renaissance.

Mangold

Die dekorativen Blätter waren wirklich völlig aus unseren Gärten verschwunden. Dabei war ***Mangold*** *(Beta vulgaris subsp. vulgaris)* wohl einst sogar das beliebteste Gemüse in Deutschland, bis er vom Spinat verdrängt wurde. Aber seit einigen Jahren erfährt Mangold wieder mehr Aufmerksamkeit. Als unkompliziertes und sehr wohlschmeckendes Gemüse hat er das auch wahrlich verdient.

Mangold stammt ursprünglich aus dem Mittelmeerraum und zählt zur großen Familie der Gänsefußgewächse *(Chenopodiaceae)*. Hier hat er einige uns gut bekannte Verwandte: den Spinat, die Rote Rübe, Zuckerrübe und Runkelrübe. Botanisch gesehen ist auch der Mangold eine Rübe, doch essen wir nicht die Wurzel, sondern die Blätter.

Anhand der Wuchsform unterscheidet man zwischen dem Blatt- oder Schnittmangold und dem Stiel- oder Rippenmangold. Die Blätter sind immer grün, die Stiele jedoch können zwischen grün, gelb, orange und rot variieren. Wegen dieser Farbenpracht wird Mangold gerne auch als Zierpflanze in Blumenbeeten eingesetzt. In der Küche wird Blattmangold wie Spinat verwendet, Stielmangold kann wie Spargel zubereitet werden. Vielleicht erinnert sich der eine oder andere ja noch an das »Stielgemüse« seiner Großmutter. Beim Kochen oder Blanchieren geht seine hübsche Farbe allerdings verloren. Zu erwähnen ist der Gehalt an Oxalsäure, der für manche Menschen problematisch sein kann.

S. 19–20
Rhabarber

Mangold im Garten

Ab April kann Mangold gesät werden. Die Samen einiger Sorten keimen in Büscheln, es gibt aber auch einkeimige Sämereien. Von den Sämlingen lässt man nur die kräftigsten Pflänzchen stehen. Zu dicht stehende Exemplare können auch verpflanzt werden, brauchen danach aber einige Tage um sich zu

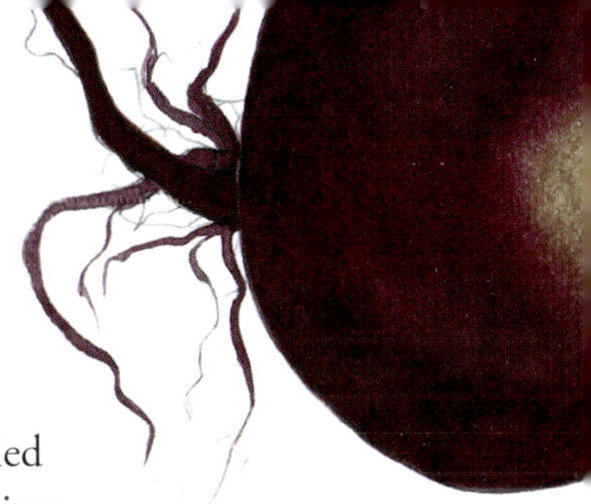

erholen. Mangold benötigt viel Wasser, um die große Blattmasse zu bilden. Als Tiefwurzler möchte er auf tiefgründig gelockertem Boden stehen. Ein gut mit Kompost versorgter Gartenboden erfüllt seine Nährstoffansprüche.

Die Ernte erfolgt laufend bis zu den ersten Frösten. Dabei entfernt man immer nur die äußeren Blätter und lässt die Herzblätter weiterwachsen. Mangold kann auf dem Beet überwintern und treibt im zweiten Jahr wieder aus. Dann bildet er allerdings einen Blütenstand und nur wenig Blattmasse.

Bei zu dichtem Stand werden die Blätter leicht von Mehltau befallen. Sorgen Sie deshalb vorbeugend für ausreichend großen Pflanzabstand.

Rote Rüben

Die tiefroten Knollen sind richtig gesund! Doch trotzdem lehnen viele sie rigoros ab. Woran liegt's? Vielleicht am essigsauren Rote-Bete-Salat, der uns als Kind ein Gräuel war? Mag sein. Doch hält er keinem Vergleich mit aromatischen, frischen Rüben stand. Die schmecken nämlich angenehm süß und nach herbstlicher Gartenerde.

Rote Rüben *(Beta vulgaris subsp. vulgaris)*, auch als Rote Bete bekannt, gibt es als runde und als walzenförmige Knollen, die dunkelrot, manchmal auch gelb sind. Im Unterschied zum Mangold verspeisen wir hier die Knollen und nicht die Blätter, obwohl auch sie essbar wären.

Für Aussaat und Anbau gilt das Gleiche wie beim Mangold beschrieben. Die Rüben wachsen nicht unterirdisch, sondern ragen zum größten Teil aus der Erde heraus. Sie können schon jung geerntet werden, dürfen aber auch bis zum Herbst auf dem Beet bleiben. Sie eignen sich hervorragend zum Einlagern und stehen so den ganzen Winter frisch zur Verfügung. Wichtig ist, die Knollen bei der Ernte nicht zu verletzen, damit sie nicht ausbluten.

Mangold und Rote Rüben in der Küche

Die beiden bringen Farbe in die Küche und viele Vitamine und Mineralstoffe auf den Teller. Besonders Rote Rüben sind kleine Kraftpakete und helfen uns, gesund durch Herbst und Winter zu kommen. Höchste Zeit also, endlich ihre leckere Seite zu entdecken – jenseits der essigsauren Salate unserer Kindheit.

Mangold kennt in der Küche fast keine Grenzen. Er lässt sich dünsten, braten oder backen, schmeckt in Suppen, als Gemüse, Auflauf oder pikantes Gebäck. Nur roh, da schmeckt er nicht.

Frische Blätter aus dem Garten werden zuerst sorgfältig gewaschen, denn in den Rillen der Stiele versteckt sich gerne noch Erde oder Sand. Den zarteren Blattmangold schneiden Sie dann einfach in Streifen oder lassen die Blätter ganz. Beim robusteren Stielmangold trennen Sie die Blätter von den Stielen. Bei sehr dicken Stielen müssen Sie eventuell noch zähe Fasern von den Stielen abziehen. Die Stiele teilen Sie dann in schmale Stücke, die Blätter in Streifen. Stiele und Blätter dieser Mangoldsorte garen unterschiedlich lange. Deshalb zuerst die Stiele in den Topf geben und fünf Minuten später die Blätter.

Rote Rüben schmecken als Rohkost ebenso wie gekocht. Vor dem Kochen schneiden Sie das Kraut nicht zu tief ab und waschen die Knollen behutsam. Dabei dürfen Sie ihre Haut nicht beschädigen, sonst »blutet« die Rübe aus und wertvolle Mineralstoffe verschwinden. Die Knollen werden dann in kochendem Salzwasser je nach Größe etwa 45 Minuten gegart. Danach lässt sich die Schale problemlos ablösen. Und noch ein Rat: Tragen Sie bei der Zubereitung von Roten Rüben generell Einweghandschuhe und eine Schürze! Denn ihr Saft färbt unerbittlich dunkelrot. Landet doch mal ein Spritzer auf Ihrer Kleidung, hilft Zitronensaft beim Entfernen.

Rote Rüben mit Orangen

Wer Rote Rüben nur als Salat oder Rohkost kennt, wird von diesem kleinen Gericht überrascht sein. Servieren Sie es wahlweise als Vorspeise oder als Beilage. Schnell fertig sind Sie mit bereits gekochten Roten Rüben.

Für 4 Personen

500 g kleine Rote Rüben
1 Orange
50 g Butter
4 EL Orangenmarmelade
Salz, Pfeffer

Die Roten Rüben waschen und das Kraut entfernen. Die Knollen in kochendem Salzwasser etwa 30 Minuten garen. Abgießen und kurz abkühlen lassen. Dann schälen und achteln.
Die Orange dick schälen. Dabei auch die weiße Innenhaut mit entfernen. Die Orangenfilets mit einem scharfen Messer zwischen den Trennhäutchen herausschneiden, dabei den Saft auffangen.
Die Butter in einer Pfanne schmelzen lassen, jedoch nicht bräunen. Die Marmelade einrühren und ebenfalls schmelzen lassen. Den Orangensaft zugießen. Die Rote-Rüben-Achtel in der Orangenbutter wenden, bis sie rundum damit überzogen sind. Kräftig mit Salz und Pfeffer würzen. Portionsweise mit den Orangenfilets servieren.
Und dazu: als Vorspeise mit frisch geröstetem Weißbrot oder als Beilage zu knusprig gebratener Ente und Gans.

Mangold mit Gelben Rüben

Dieses farbenfrohe Gemüse ist schnell zubereitet und schmeckt einfach immer.

Für 4–6 Personen als Beilage

1 kg Stielmangold
500 g Gelbe Rüben
2 EL Butter
1 Knoblauchzehe
2 TL Currypulver
Salz, Pfeffer
250 g Sahne
1 EL Weißweinessig
1 Prise Zucker

Die Mangoldblätter waschen und trocken schütteln. Die Blätter abtrennen und grob zerteilen. Die Stiele zuerst längs halbieren, dann in 3 cm lange Stücke schneiden. Die Gelben Rüben dünn schälen und schräg in Scheiben schneiden.
Die Butter in einem großen Topf erhitzen. Mangoldstiele und Gelbe Rüben darin andünsten. Den Knoblauch schälen und dazupressen. Die Mangoldblätter zugeben und das Gemüse mit Currypulver, Salz und Pfeffer würzen. Bei Bedarf etwas Wasser angießen und zugedeckt 6–8 Minuten weiterdünsten.
Sahne, Essig und Zucker in das Gemüse rühren und etwa 5 Minuten einkochen lassen.
Und dazu: Fleischküchle, Bratwurst, Kurzgebratenes aus der Pfanne oder Braten – was es gerade gibt.

Gefüllte Muschelnudeln

Mangold passt gut zu Meeresfrüchten. Servieren Sie dieses Gericht wahlweise als Vorspeise oder als Hauptgericht. Wenn Sie keine Muschelnudeln bekommen, füllen Sie die Mangoldmasse in Cannelloni oder andere große Nudeln.

Für 4 Personen

20 große Muschelnudeln (Conchiglie)
3 EL Öl
Butter für die Form
200 g Blattmangold
1 Zwiebel
2 Bund Basilikum
200 g gegartes Krabbenfleisch
oder Garnelen (in Lake)
200 g Doppelrahm-Frischkäse
Salz, Pfeffer
200 g Sahne
2 EL frisch geriebener Parmesan

Die Nudeln nach Packungsangabe in kochendem Salzwasser mit 1 Esslöffel Öl bissfest garen. Abgießen, abtropfen lassen und nebeneinander auf ein Küchentuch setzen.

Den Backofen auf 200 °C (Umluft 180 °C) vorheizen. Eine Auflaufform mit Butter ausstreichen. Den Mangold waschen, trocken schütteln und in Streifen schneiden. Die Zwiebel schälen und klein würfeln. Das Basilikum waschen, trocken schütteln und die Blättchen abzupfen. Das Krabbenfleisch in einem Sieb abtropfen lassen.

In einer Pfanne 2 Esslöffel Öl erhitzen. Zwiebel und Mangold darin dünsten, bis die Flüssigkeit verdampft ist. Basilikum, Frischkäse und Krabbenfleisch unterrühren. Mit Salz und Pfeffer würzen.

Die Mangoldmasse in die Muschelnudeln füllen. Die Muscheln nebeneinander in die Form setzen. Mit Sahne übergießen und mit Parmesan bestreuen. Im Backofen (Mitte) in etwa 30 Minuten goldbraun überbacken.

Risotto Rosso

Der gehaltvolle Risotto mit Roten Rüben und Birnen passt so richtig in den Herbst. Eigentlich ist er ein eigenständiges Hauptgericht, Sie können ihn in kleineren Portionen jedoch auch als Vorspeise oder Beilage servieren.

Für 4 Personen

150 g Zwiebeln
2 EL Olivenöl
300 g Risottoreis (z. B. Arborio)
150 ml trockener Weißwein
1 l heiße Gemüsebrühe
300 g gekochte Rote Rüben
250 g kleine Birnen
1 Knoblauchzehe
40 g Parmesan
20 g Butter
Salz, Pfeffer

Die Zwiebeln schälen und in kleine Würfel schneiden. Das Öl in einem Topf erhitzen und die Zwiebeln darin glasig dünsten. Den Reis einstreuen und unter Rühren 2 Minuten mitdünsten. Mit dem Wein ablöschen und einkochen lassen. Die heiße Brühe in Portionen zugießen. Dabei den Reis immer nur bedecken und beständig rühren. Den Reis so bei schwacher Hitze in 15–20 Minuten ausquellen lassen.
Die Roten Rüben in Würfel schneiden und unterrühren. Die Birnen schälen, vierteln und entkernen. Die Viertel in schmale Spalten schneiden und unter den Risotto heben. Kurz darin ziehen lassen. Den Knoblauch schälen und zum Risotto pressen. Parmesan und Butter unterrühren. Den Risotto mit Salz und Pfeffer abschmecken und sofort servieren.

Zwiebelgemüse

Zwiebeln, empfindliche Nasen riechen sie im Garten schon von weitem. Zur Gruppe der Zwiebelgemüse gehört eine ganze Reihe von Pflanzen, die wir hauptsächlich zum Würzen verwenden. In einigen fränkischen Gerichten sind sie jedoch die Hauptzutat. Alle gehören der Familie der Lauchgewächse *(Alliaceae)* an. Die genügsamen Gemüse sind mit normalen Gartenböden zufrieden und stellen keine hohen Ansprüche an die Nährstoffversorgung.

Die klassische Zwiebel

Die Zwiebel oder ***Küchenzwiebel*** *(Allium cepa)* ist eine der ältesten Kulturpflanzen. Es gibt sie in diversen Größen, Formen und Farben von Weiß, Gelb, Braun bis Rot und Violett. Alle sind reich an ätherischen Ölen, Vitaminen und Mineralstoffen und stärken unser Immunsystem mit antibiotischen Stoffen.

Bamberger »Zwiebeltreter«

In Franken werden Zwiebeln traditionell in Bamberg angebaut. Schon im 17. Jahrhundert waren die Bamberger Gärtner für ihre Zwiebeln weit über die Grenzen der Stadt hinaus bekannt. Immer um Johanni herum konnte man sie über ihre Zwiebelfelder laufen sehen – mit kleinen Brettchen an den Füßen. Was bestimmt komisch aussah, hatte einen praktischen Hintergrund: Mit den Brettchen knickten sie die grünen Zwiebelblätter (Schlotten) um, ohne die Zwiebelknollen dabei zu beschädigen. So gingen die gesamten Nährstoffe des Bodens in die Zwiebelknolle statt unnütz ins Grün.

Diese Arbeit hat den Bambergern ihren Spitznamen »Zwiebeltreter« eingebracht. Und dummes Gerede bezeichnet man noch immer als »Zwiebeltreterei«.

Zwiebeln im Garten

Von den gängigen Sorten kann man im Frühjahr in jedem Gartenmarkt die kleinen Steckzwiebeln kaufen. Diese steckt man im April im Abstand von 10 cm und bis zu maximal zwei Dritteln ihrer Dicke in die Erde. Bis sie Wurzeln gebildet haben, muss man sie in den folgenden Tagen regelmäßig kontrollieren, Vögel oder Regenwürmer werfen sie nämlich gerne aus der Reihe. Wer spezielle Sorten anbauen möchte, muss selbst aussäen. Allerdings keimen die Samen langsam. Man braucht also Geduld, bis die Zwiebelchen die richtige Größe haben, um an ihrem endgültigen Platz gesteckt zu werden.

Zwiebeln möchten viel Sonne und bevorzugen leichten Boden. Auf keinen Fall dürfen sie mit frischem Mist gedüngt werden, sonst bekommt man Probleme mit der Zwiebelfliege. Sie legt ihre Eier an den Pflanzen ab, und die Maden verderben dann die Zwiebeln. Der klassische Mischkulturpartner der Zwiebel ist die Gelbe Rübe. Beide schützen sich gegenseitig vor der Zwiebel- bzw. Möhrenfliege.
Normalerweise sind die Zwiebeln im August erntereif. Das erkennt man daran, dass die Blätter umknicken. Dabei muss man gar nicht nachhelfen wie früher in Bamberg üblich. Jetzt nimmt man die Zwiebeln bei trockenem Wetter aus der Erde und lässt sie in der Sonne abtrocknen. Zu einem Zopf gebunden sieht der Zwiebelvorrat besonders hübsch aus. Im Vorratslager brauchen Zwiebeln Luft. Ideal ist ein kühler, dunkler und trockener Ort.

Winterzwiebel und Luftzwiebel

Die ***Winterzwiebel*** *(Allium fistulosum)* kennen wir auch als Frühlingszwiebel, Schlottenzwiebel, Lauchzwiebel oder Winterheckenzwiebel. Sie bildet keine Knolle. In der Küche verwenden wir ihre frischen, hohlen Blätter, die Schlotten.
Im Garten kann man die Winterzwiebel satzweise säen und das junge Laub laufend ernten. Wenn man die kleinen zylindrischen Zwiebeln in die Erde steckt, bilden sich am Grund viele neue Nebenzwiebeln. Diese Pflanzennester können im Kräuterbeet einige Jahre am selben Platz bleiben.
Die ***Luftzwiebel*** oder ***Etagenzwiebel*** *(Allium proliferum)* ist ebenfalls gut im Kräuterbeet aufgehoben. Sie bildet im Sommer auf ihren Stängeln kleine Zwiebelchen. Die sind ziemlich scharf und können in der Küche z. B. als Silberzwiebeln verwendet werden.

Knoblauch

Die antiken Griechen nannten ihn »stinkende Rose«. Dem Knoblauchsland vor den Toren Nürnbergs gab er seinen Namen: ***Knoblauch*** *(Allium sativum)* ist berühmt für seinen Geschmack – und berüchtigt für seinen Geruch. Grund dafür ist sein Allicin, ein stark schwefelhaltiges, ätherisches Öl. Zusammen mit anderen Vitaminen und Mineralstoffen macht es ihn als Gewürz- und Heilpflanze unverzichtbar.

Im Garten bewahrt er seine Nachbarpflanzen vor Grauschimmel und anderen Pilzerkrankungen. Deshalb kombiniert man ihn mit Erdbeeren,

Gurken, Himbeeren und Tomaten. Die Knoblauchzehen werden im Herbst oder Frühjahr in die Erde gesteckt. Mit genügend Wärme und in lockerem Boden entwickeln sich daraus schöne Knollen.

Lauch

In Franken heißt er meist Porree. Der ***Lauch*** *(Allium porrum)* ist eines der wichtigsten Blattgemüse im Garten. Schon die antiken Ägypter kannten und schätzten ihn. Anders als die bisher genannten Zwiebelgemüse ist der Lauch jedoch ein Starkzehrer. Er braucht gut versorgten, tief gelockerten Boden und viel Wasser.

Entweder sät man ihn im März selbst, oder man kauft beim Gärtner Jungpflanzen und pflanzt sie im Mai in den Garten. Wichtig ist, die Pflänzchen sehr tief (15–20 cm) in die Erde zu bringen, um lange Stangen zu erzielen. Später wird beim Hacken die Erde um die Pflanzen herum angehäufelt, damit die Schäfte schön weiß bleiben.

In der Mischkultur ist Lauch ein guter Partner für flach wurzelnde Nachbarn wie Sellerie, Gurken und Kohlrabi.

Im Herbst ist der Lauch ausgereift. Die langen, schlanken Stangen vertragen Frost und können deshalb auch weiterhin auf dem Beet bleiben. Allerdings kann man sie bei gefrorenem Boden nicht ausgraben, deshalb sollten Sie Ihren Lauch vor Wintereinbruch einlagern.

Zwiebelgemüse in der Küche

Zwiebeln mischen in ziemlich vielen Gerichten mit, treiben uns aber in der Küche regelmäßig die Tränen in die Augen, denn vor der Verwendung müssen sie geschält und je nach Rezept in Würfel, Scheiben oder Spalten geschnitten werden. Gegen das Geheule gibt es viele Tricks: Hände, Messer und Schneidbrett kalt abspülen, Taucherbrille aufsetzen oder Wasser in den Mund nehmen. Was wirklich hilft: ein scharfes Messer. Und je frischer die Zwiebel ist, desto stärker reizt sie die Augen.

Einfach machen es uns nur die Winterzwiebeln. Bei ihnen muss man lediglich die kleinen Wurzeln abschneiden und unansehnliches Grün entfernen.

Lauch schmeckt mit seiner leichten Schärfe als Suppe, Gemüse oder Auflauf wie auch zu Fleisch und Fisch. Bei frischen Stangen aus dem Garten entfernt man zuerst den Wurzelansatz und die äußeren Schichten. Dann schlitzt man die Stange der Länge nach von Grün nach Weiß auf und wäscht sie unter fließendem Wasser. So lassen sich Erde und Sand zwischen den einzelnen Schichten am besten entfernen. Die Stange wird dann je nach Rezept in Stücke, Streifen oder Ringe geschnitten.

Bamberger Zwiebeln

Die gefüllten Zwiebeln in Biersauce sind in Bamberg Kult.

Für 4 Personen

4 Gemüsezwiebeln oder große Zwiebeln
1 altbackenes Brötchen
1 Stängel Majoran
1/2 Bund Petersilie
150 g geräucherter Schweinebauch in Scheiben
350 g Schweinehackfleisch
2 Eier
Salz, Pfeffer
1 Prise frisch geriebene Muskatnuss
250 ml Rauchbier
2 EL Bratenfond (selbst gemacht oder aus dem Glas)
1 EL Speisestärke

Die Zwiebeln schälen und am Wurzelansatz gerade schneiden, sodass sie stehen. Oben einen 1 cm dicken Deckel abschneiden und die Zwiebeln mit einem Löffel bis auf einen 1 cm dicken Rand aushöhlen. Das Fruchtfleisch fein hacken.

Das Brötchen in Wasser einweichen. Majoran und Petersilie waschen, trocken schütteln und fein hacken. Vom Schweinebauch 4 Scheiben beiseitelegen, den Rest sehr fein würfeln. Hackfleisch, Schweinebauchwürfel, gehackte Zwiebeln, Kräuter und Eier in eine Schüssel geben. Das Brötchen ausdrücken und zufügen. Mit Salz, Pfeffer und Muskat würzen und alles gut verkneten.

Den Backofen auf 180 °C (Umluft 160 °C) vorheizen. Den Fleischteig in die Zwiebeln füllen. Die Zwiebeln in einen Bräter setzen und die Zwiebeldeckel auflegen. Etwas Wasser angießen und offen im Ofen (Mitte) 30 Minuten garen. Das Rauchbier zugießen und die Zwiebeln noch etwa 30 Minuten weitergaren.

Die Schweinebauchscheiben in einer Pfanne knusprig braun braten. Die Zwiebeln aus dem Bräter heben. Die Bauchscheiben unter die Zwiebeldeckel schieben. Den Bratenfond in die Sauce rühren. Die Speisestärke mit etwas Wasser verquirlen und die Sauce damit binden. Mit Salz und Pfeffer abschmecken. Zu den Zwiebeln servieren.

Und dazu: Kartoffelbrei oder Salzkartoffeln und ein »Seidla« Bier.

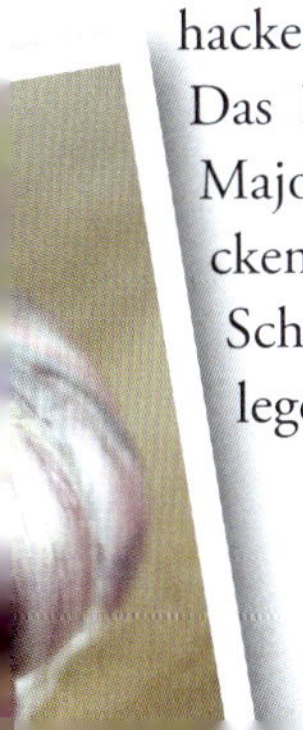

Huhn mit 40 Knoblauchzehen

Keine Angst vor Knoblauch. Bei diesem Brathuhn wird er quasi als Gemüse mitgegart. Bei Tisch drücken Sie den Knoblauch aus der Schale und genießen ihn zum Fleisch. Gegen die berüchtigte Knofel-Fahne kauen Sie nach dem Essen einige Petersilienblätter oder Gewürznelken.

Für 4 Personen

1 küchenfertiges Brathähnchen (etwa 1 kg)
Salz, Pfeffer, Cayennepfeffer
Öl für den Bräter
40 Knoblauchzehen
2 Stangen Staudensellerie
2 Stängel Basilikum
1 Bund Petersilie
1 Bio-Zitrone
100 ml trockener Weißwein
60 ml trockener Wermut
4 EL Olivenöl
1 TL getrockneter Oregano

Das Hähnchen vierteln und mit Salz und Pfeffer würzen. Einen Bräter mit Öl auspinseln. Die Hähnchenteile mit der Haut nach oben hineinlegen. Die Knoblauchzehen samt Schale rundherum streuen. Den Backofen auf 180 °C (Umluft nicht empfehlenswert) vorheizen.
Den Staudensellerie waschen, putzen und in 2 cm lange Stücke schneiden. Basilikum und Petersilie waschen, trocken schütteln und die Blättchen abzupfen. Die Basilikumblätter grob zerpflücken, die Petersilie hacken. Die Zitrone heiß abwaschen und trocknen. Die Schale in einem Stück dünn abschälen, den Saft auspressen.
Zitronensaft, Wein, Wermut, Öl, Sellerie, alle Kräuter, Salz und Cayennepfeffer verrühren. Die Mischung über das Fleisch träufeln. Die Zitronenschale in Streifen schneiden und auf das Fleisch streuen.
Den Bräter mit Alufolie abdecken. Das Hähnchen im Ofen (Mitte) 45 Minuten braten. Die Folie entfernen. Die Ofentemperatur auf 220 °C erhöhen und das Hähnchen in etwa 15 Minuten knusprig braun braten.
Und dazu: Rosmarinkartoffeln oder frisches Weißbrot.

Omas Porreegemüse

Der Porree ist das mildeste Mitglied der Zwiebelfamilie. Als Gemüse hat er einen Stammplatz in der fränkischen Herbst- und Winterküche.

Für 4 Personen als Beilage

4 dicke Stangen Lauch (etwa 1 kg)
250 g durchwachsener geräucherter Schweinebauch
3–4 EL Mehl
Salz
1 Schuss Sahne oder Milch

Den Lauch putzen, gründlich waschen und in Ringe schneiden. Den Schweinebauch in kleine Würfel schneiden.
Die Lauchringe in einen Topf geben und halbhoch Wasser angießen. Aufkochen und bei mittlerer Hitze in 10–15 Minuten bissfest garen. Abgießen, dabei 300 ml Kochsud auffangen.
Die Speckwürfel in einem Topf knusprig braten. Das Mehl darüberstäuben und braun anrösten. Den Kochsud angießen und köcheln lassen, bis die Sauce bindet. Den Lauch unterheben und mit Salz abschmecken. Die Sahne unterrühren und servieren.
Und dazu: Fleischküchle oder Bratwürste und Mehlklöße.

Zwiebelblootz vom Main

Wenn im Herbst Federweißer ausgeschenkt wird, gibt es in vielen fränkischen Ortschaften auch frisch gebackenen Zwiebelblootz. Früher wurde er häufig mit Brotteig zubereitet. Damit schmeckt der Kuchen noch herzhafter. Fragen Sie Ihren Bäcker doch mal danach.

Ergibt 20 Stücke

500 g Weizenmehl (Typ 1050)
1/2 Würfel Hefe (25 g)
250 ml lauwarme Milch
1 TL Zucker
1 TL Salz
Fett fürs Blech

Für den Belag:
750 g Zwiebeln
150 g durchwachsener geräucherter Schweinebauch
250 g Sauerrahm
2 Eier
Salz, Kümmel

Das Mehl in eine Schüssel sieben und eine Mulde hineindrücken. Die Hefe in der Milch auflösen. In die Mulde gießen und mit wenig Mehl zu einem Vorteig verrühren. Den Vorteig abgedeckt an einem warmen Ort 15 Minuten gehen lassen.

Zucker und Salz zum Vorteig geben und alles zu einem glatten Teig verkneten. Den Teig nochmals abgedeckt 30 Minuten gehen lassen.

Für den Belag die Zwiebeln schälen und in Ringe schneiden. Den Schweinebauch fein würfeln. Die Speckwürfel in einer großen Pfanne anbraten. Die Zwiebeln zugeben und glasig dünsten. Die Zwiebelmasse vom Herd nehmen und etwas abkühlen lassen.

Ein Backblech fetten. Den Teig darauf ausrollen. Sauerrahm und Eier verquirlen, mit Salz und Kümmel pikant würzen. Die Zwiebelmasse unterheben. Den Belag gleichmäßig auf dem Teig verteilen. Nochmals kurz gehen lassen.

Inzwischen den Backofen auf 200 °C (Umluft 180 °C) vorheizen. Den Kuchen im Ofen (Mitte) 20–30 Minuten backen. Warm servieren.

Und dazu: klassisch ein Federweißer, aber ein Schoppen schmeckt auch.

Kürbisse

Da liegen sie im Beet, riesengroß und leuchtend gelb. Den Sommer über sind sie von kleinen Kugeln zu teilweise gigantisch großen Bällen herangewachsen. Jetzt im Herbst sind die Kürbisse, genauer die Winterkürbisse, erntereif. Die orangefarbenen Riesen sind sehr dekorativ, lassen sich in der Küche vielfältig zubereiten und geben ausgehöhlt prima Lampen für Halloween. Riesenkürbisse sind der Stolz manch ehrgeizigen Gärtners, die bei eigenen Kürbiswettbewerben gerne präsentiert werden.

Alter Bekannter

Die Kürbisgewächse *(Cucurbitaceae)* sind eine große Familie und zählen zu den ältesten Kulturpflanzen der Menschheit. In ihrer ursprünglichen Heimat Mittel- und Südamerika ernährten sie schon vor mehr als 10.000 Jahren Menschen. Allerdings schätzte man damals besonders ihre öl- und eiweißreichen Samen. Das Fleisch dieser noch wild wachsenden Kürbisse hingegen schmeckte bitter. Nach der Eroberung Amerikas gelangten ***Kürbisse*** *(Cucurbita)* im 16. Jahrhundert nach Europa und verbreiteten sich schnell auf der ganzen Welt.

Kürbisse kommen in zahlreichen Arten vor, von denen jedoch nicht alle essbar sind. Die Kürbispflanzen sind einhäusig, haben also männliche und weibliche Blüten an derselben Pflanze. Aus den weiblichen Blüten entstehen die Früchte, die in der Botanik als »Panzerbeeren« bezeichnet werden. Die Pflanzen bilden rankende Triebe, mit denen sie Gerüste erklimmen können.

Kürbisse im Garten

Wie alle ihre Verwandten sind Kürbisse hungrig nach Wasser, Licht und Nährstoffen. Sie brauchen Platz, um ihre Ranken auf dem Boden ausbreiten zu können, oder ein Klettergerüst, an dem sie sich festhalten. Diejenigen, die sehr große Früchte bilden, sollten allerdings besser am Boden bleiben. Für den Anbau im Garten stehen viele Sorten in den unterschiedlichsten Formen, Farben und Größen zur Verfügung. Als Speisekürbisse besonders beliebt sind der Riesen-, Moschus-, Birnen-, Spaghetti- und der Hokkaidokürbis.

Kürbissamen findet man im Frühjahr in jedem Gartencenter. Sie werden im Mai direkt ins Beet ausgesät, besser aber schon im April als Vorkultur in Töpfe. Nach den Eisheiligen kommen die Jungpflanzen an ihren Platz. Bei guter Düngung und Wasserversorgung entwickeln sich die teils stattlichen Pflanzen schnell.

Es hat sich bewährt, die Kürbisse auf oder neben den Komposthaufen zu setzen. Dort finden sie reichlich Nährstoffe und beschatten den Kompost mit ihren Blättern. Leider sind sie auch stark von Schnecken gefährdet, die sich am Kompost ebenfalls wohlfühlen.

Kürbisse müssen reif geerntet werden, denn die wenigsten reifen nach. Ob ein Kürbis erntereif ist, erkennt man am besten, indem man daraufklopft: Ein reifer Kürbis klingt hohl, deutlich hohler als ein unreifer. Außerdem ist sein Stiel verholzt. Spätestens vor dem ersten Frost sollten aber alle Früchte geerntet sein.

Wenn die Kürbislaternen leuchten, …

… ist Halloween nicht mehr weit. Man sieht sie auf Terrassen, Fenstersimsen und vor Haustüren. In der Abenddämmerung des 31. Oktober ziehen Kinder in Grüppchen in schauerlicher Verkleidung um die Häuser. Wo sie klingeln, wollen sie etwas Süßes. Es ist Halloween, genauer »All Hallows' Eve«, die Allerheiligennacht.

Seit ein paar Jahren kommen wir auch in Franken nicht mehr daran vorbei – egal, was der ein oder andere davon hält. In kürzester Zeit hat sich dieser aus den USA übergesprungene, ursprünglich aber aus Irland stammende Brauch bei uns etabliert. Und sein wichtigstes Symbol sind Kürbisse – ausgehöhlt, mit Fratzen verziert und mit Kerzen zum Leuchten gebracht. Das Fruchtfleisch, das beim Aushöhlen der Kürbisse anfällt, können Sie gleich in der Küche verwenden, für eine Suppe zum Beispiel.

Kürbisse in der Küche

Kürbisse sind ein beliebtes und gesundes Herbstgemüse. Sie liefern uns viele Vitamine, Mineral- und Nährstoffe. Ihre harte Schale ist nicht essbar – mit Ausnahme des Hokkaidokürbis. Umso aromatischer ist dafür aber ihr süßlich-cremiges Fleisch. Es lässt sich vielfältig zubereiten und schmeckt gekocht, gebraten oder gebacken, als Suppe, Eintopf, Auflauf oder Beilage, als Konfitüre, Chutney oder eingeweckt.

Aber wie zerkleinert man einen Kürbis für die Küche? Das ist eigentlich gar nicht schwer: Nachdem Sie den Kürbis gewaschen haben, halbieren Sie ihn mit einem großen, scharfen Messer. Bei kleinen Exemplaren funktioniert das problemlos, bei besonders großen, zum Beispiel den Muskatkürbis, empfiehlt sich eine andere Methode: Man lässt ihn aus etwa 1 Meter Höhe auf den Boden fallen. So bekommt er einen Riss, lässt sich öffnen und zerteilen. Anschließend schaben Sie Kerne und grobe Fasern mit einem Löffel aus den Hälften. Die Hälften schneiden Sie dann in handlichere Stücke. Sie lassen sich jetzt leicht schälen und je nach Rezept weiter zerkleinern oder raspeln. Bei dem Hokkaidokürbis können Sie sich das Schälen sparen. Seine dünne, zarte Schale kann mitgegessen werden.

Noch ein Tipp: Probieren Sie das rohe Kürbisfleisch immer, bevor sie es zubereiten. Schmeckt es bitter, gehört es in den Müll. Der bittere Geschmack nämlich kann ein Hinweis auf darin enthaltene giftige Cucurbitacine sein.

Herbstsalat mit Kürbis und Birne

So schmeckt der Herbst. Dieser Salat vereint alles, was der herbstliche Garten an Früchten zu bieten hat.

Für 4 Personen

300 g Feldsalat oder Friséesalat
1 reife Birne
1 TL Zucker
200 g Hokkaidokürbis
1 EL Butter
Salz, Pfeffer
frisch geriebene Muskatnuss
10 Walnusskerne
200 g Blauschimmelkäse

Für die Vinaigrette:
3 EL Weißweinessig
Salz, Pfeffer
1 Prise Zucker
6 EL Rapsöl
1 EL Kürbiskernöl

Den Salat putzen, waschen und trocken schleudern. Die Birne schälen, vierteln und das Kerngehäuse entfernen. Die Viertel längs in Spalten schneiden. Den Zucker in einer Pfanne karamellisieren lassen und die Birne kurz darin schwenken. Herausnehmen.
Den Kürbis waschen und mit Schale in Spalten schneiden. Die Butter in der Pfanne erhitzen und die Kürbisspalten von beiden Seiten darin anbraten. Mit Salz, Pfeffer und Muskat würzen. Herausnehmen und die Pfanne mit Küchenpapier auswischen.
Die Walnüsse grob hacken und in der Pfanne ohne Öl anrösten, bis sie duften.
Für die Vinaigrette den Essig mit Salz, Pfeffer und Zucker in einer Schüssel verquirlen. Beide Öle langsam unterschlagen.
Den Salat behutsam in der Vinaigrette wenden und auf 4 Teller verteilen. Den Käse in Stücke teilen. Käse, Birne und Kürbis auf dem Salat anrichten. Mit den Nüssen bestreuen und sofort servieren.

Kürbissuppe

Das Süppchen wärmt schön an den ersten kühlen Tagen. Dafür können Sie wunderbar das anfallende Fruchtfleisch beim Aushöhlen einer Kürbislaterne verbrauchen.

Für 4–6 Personen

1 kg Kürbis
1 Zwiebel
2 kleine Knoblauchzehen
2 Zweige Thymian
2 EL Butterschmalz
500 ml Gemüsebrühe
125 ml Weißwein
Salz, Pfeffer
frisch geriebener Ingwer (nach Geschmack)
Saft von 1 Zitrone
200 g Sauerrahm
Kürbiskernöl zum Servieren

Den Kürbis zerteilen, entkernen und in Spalten schneiden. Die Spalten schälen und grob würfeln. Zwiebel und Knoblauch schälen und fein hacken. Den Thymian waschen und trocken schütteln. Die Blättchen abstreifen.

Das Butterschmalz in einem großen Topf erhitzen. Kürbis, Zwiebel, Knoblauch und Thymian darin andünsten. Brühe und Wein zugießen. Das Gemüse zugedeckt bei schwacher Hitze etwa 15 Minuten köcheln lassen.

Die Suppe im Mixer oder mit dem Pürierstab pürieren. Die Suppe mit Salz, Pfeffer, Ingwer und Zitronensaft pikant abschmecken. Kurz abkühlen lassen. Zum Servieren den Sauerrahm mit dem Handrührgerät untermixen. Die Suppe portionsweise anrichten und mit einigen Tropfen Kürbiskernöl beträufeln.

Und dazu: ein Stück Brot. Wer mag, reicht noch ein Schälchen mit frisch gerösteten Kürbiskernen zum Bestreuen dazu.

Kürbis aus dem Ofen

Wenn Sie den Kürbis zerteilt haben, sind Sie bei diesem Gericht auch fast schon fertig mit dem Kochen.

Für 4 Personen

1 Hokkaidokürbis (etwa 1 kg)
Salz, Pfeffer
3–4 Orangen
1 Bio-Zitrone
1 Bund Petersilie
1 Knoblauchzehe
2 EL Öl

Den Kürbis waschen, halbieren und entkernen. Die Hälften in Spalten schneiden und diese dann quer halbieren. Die Kürbisstücke in einer großen Auflaufform verteilen und mit Salz und Pfeffer würzen. Den Backofen auf 200 °C (Umluft 180 °C) vorheizen.

Die Orangen auspressen und 500 ml Saft abmessen. Die Zitrone heiß abwaschen und trocknen. Die Schale dünn abreiben, die Frucht auspressen. Die Petersilie waschen und trocken schütteln. Die Blättchen abzupfen und fein hacken. Den Knoblauch schälen und fein hacken.

Orangensaft, Zitronenschale, Zitronensaft, Petersilie, Knoblauch und Öl verrühren. Über die Kürbisstücke gießen. Im Backofen (Mitte) etwa 30 Minuten garen.

Und dazu: mit Spaghetti als Hauptgericht, mit einem Klecks Crème fraîche als Vorspeise, pur als Beilage zu gebratenem Fleisch.

Kürbis aus dem Glas mit Honig und Chili

Die alte Technik des Einmachens ist leider etwas in Vergessenheit geraten. Dabei bietet sie sich gerade für Riesenkürbisse an. Füllen Sie also Ihre Vorratskammer für den Winter.

Ergibt 2–3 Gläser à 750 ml

2 kg Kürbis
100 g kleine Zwiebeln oder Schalotten
2–3 frische rote Chilischoten
1/2 Bund Dill
375 ml Weißweinessig
200 g flüssiger Honig
200 g brauner Zucker
1/2 TL Salz
1 EL Pimentkörner
1 EL Senfkörner
4 Lorbeerblätter

Den Kürbis zerteilen, entkernen und in Spalten schneiden. Die Spalten schälen und grob würfeln. Die Zwiebeln schälen. Die Chilischoten waschen und putzen. Den Dill waschen, trocken schütteln und die Spitzen abzupfen.
In einem großen Topf Essig, 375 ml Wasser, Honig, Zucker, Salz, Gewürze und die Chilischoten aufkochen. Die Kürbisstücke dazugeben und 20 Minuten im Sud köcheln lassen. Zwiebeln und Dillspitzen 2 Minuten vor Garzeitende zugeben und noch kurz mitkochen.
Den Kürbis sofort in vorbereitete Schraubgläser füllen und vollständig mit dem Sud bedecken. Die Gläser verschließen. Vor dem Öffnen mindestens 1 Woche durchziehen lassen. Kühl und dunkel aufbewahrt etwa 6 Monate haltbar.

Winter – nauswärts geht's

Heute Nacht hat es geschneit. Reif und Schnee bedecken Beete und Wege und verwandeln das Gärtla in eine eisige Wunderwelt. Still liegt unser Lieblingsort in der klaren Winterluft vor uns. Alle Arbeit ist getan, die Pflanzen ruhen und schöpfen Kraft für die neue Saison. Und auch wir Gärtner dürfen uns einen Moment ausruhen.

Zum zweiten Mal im Jahr wendet sich die Sonne. Am 21. Dezember, dem Thomastag, beginnt kalendarisch der Winter. Kein anderer Tag im Jahr ist so kurz wie dieser, und keine Nacht so lang.
Die Wintersonnwende markiert einen Neuanfang im Jahreslauf. Ab jetzt »geht's wieder nauswärts«, die Tage werden spürbar länger und das Frühjahr ist gar nicht mehr so weit. An milden Wintertagen meinen wir sogar schon einen Hauch davon zu erahnen. Dann kann man auch wieder ins Gärtla gehen. Dort warten der Baum- und Strauchschnitt und vielleicht auch noch ein letzter Kohl oder Lauch auf die Ernte. Außerdem will die nächste Saison geplant werden. Im Winter zeigt der Garten seine elementare Struktur. Eine gute Gelegenheit, um über Veränderungen nachzudenken.

Winter in der Küche

Draußen wird's kalt, in der Küche deftig. Gerne lassen wir uns jetzt kräftige Eintöpfe und rustikale Gerichte schmecken. Sie wärmen so schön von innen. Kohl- und Wurzelgemüse, die vielleicht sogar noch frisch aus dem Garten kommen, lassen sich vielfältig zubereiten. Außerdem passen sie gut zu winterlichen Gewürzen, zu Ente, Weihnachtsgans und Braten. Jetzt ist die Zeit der traditionellen Gerichte, die schon unsere Großmütter so zubereitet haben.

»Die Erde muss ihr Betttuch haben, soll sie der Winterschlaf laben.«

Jetzt ist auch die Zeit, die Früchte unserer Arbeit im Sommer und Herbst zu genießen. Die Vorräte kommen zu Ehren. Eingekochte und tiefgekühlte Schätze warten nur darauf, die Winterküche zu bereichern. So vergeht die Zeit bis zum ersten, frischen Frühjahrsgrün wie im Flug.

Kohlgemüse

Wenn die dunkle Jahreszeit beginnt, hat der Kohl Hauptsaison. Er gehört zu den letzten Gemüsen, die man im Garten ernten kann. Kohlgemüse wächst rund um den Globus – und das schon sehr lange. Bereits in der Antike wurde es wegen seiner Gesundheitswirkung geschätzt. So nannten die Römer es sehr treffend »Arzt der Armen«.

Alle unsere modernen Kohlarten stammen vom ***Wildkohl*** *(Brassica oleracea)* ab. Kohl gehört zu den Kreuzblütlern und ist damit verwandt mit Rettich, Radieschen und Senf, der gerne zur Gründüngung verwendet wird. Diese Verwandtschaftsverhältnisse sind ein wichtiges Kriterium für die Planung der Fruchtfolge.

Kohlgemüse im Garten

Mit Ausnahme von Kohlrabi sind alle Kohlarten Starkzehrer. Sie haben einen hohen Nährstoffbedarf und brauchen regelmäßige Wassergaben. Ein gut mit Kompost versorgtes Beet und zusätzliche Düngung während des Sommers sind Voraussetzung für gute Ernten.

Kohlweißlinge, diese hübschen kleinen Schmetterlinge, legen ihre Eier an den Kohlblättern ab. Die daraus entstehenden Raupen fressen aber leider die Pflanzen kahl! Dem kann man vorbeugen, indem man Sellerie oder Tomaten zwischen den Kohl pflanzt. Deren Geruch hält die Kohlweißlinge fern.

Krankhaft verdickte Wurzeln und schwache Pflanzen sind die Folge von Kohlhernie. Diese Krankheit bedroht alle Kreuzblütler, besonders dann, wenn sie auf leichten, sandigen Böden wachsen. Betroffene Beete dürfen für mindestens vier Jahre nicht mehr mit diesen Pflanzen bebaut werden.

Blumenkohl

Ab Februar werden die Samen vorgezogen, um die Jungpflanzen ab April auszupflanzen. Drohen noch letzte Nachtfröste, sollten sie abgedeckt werden. Beim Hacken werden die Pflanzen angehäufelt, um ihre Standfestigkeit zu erhöhen. Damit die Blume schön weiß bleibt, bindet man die inneren Blätter als Sonnenschutz zusammen. Geerntet wird, solange die Blume noch fest und geschlossen ist.

Besonders attraktiv, sowohl im Garten als auch auf dem Teller, ist der Minarett-Blumenkohl mit seinen spitzen grünen Blüten.

Brokkoli

Der wärmebedürftige ***Brokkoli*** wird erst ab Mai/Juni gepflanzt. Die Köpfe werden laufend geerntet, bevor sich die Knospen öffnen. Aus den Blattachseln treiben ständig neue Blüten nach, sodass man bis zum Frost immer frischen Brokkoli hat.

Chinakohl

Wie der Name schon sagt, kommt der ***Chinakohl*** aus Asien. Dort wird er als Kochgemüse verwendet, während er bei uns meist als Salat verzehrt wird. Er enthält weniger Senföle als die einheimischen Kohlarten, was seinen Geschmack und Geruch milder macht. Chinakohl kommt erst ab Juli aufs Beet, wenn die Tage wieder kürzer werden. Er würde sonst »schießen«, also einen Blütenstand bilden und keinen festen Kopf bekommen. Die Köpfe können im Herbst bis zum Frost im Garten bleiben und sind gut lagerfähig.

Grünkohl

Er ist das Wintergemüse schlechthin. Erst durch Frost bekommt der ***Grünkohl*** den richtigen Geschmack. Er kann den ganzen Winter draußen stehen bleiben, selbst unter Schnee kann man die Blätter noch ernten. Pflanzzeit ist ab Juli, wenn die ersten Gemüsearten, wie Erbsen oder frühe Gelbe Rüben, schon abgeerntet sind. Die ausgewachsenen Blätter pflückt man von unten nach oben ab. Besonders dekorative Sorten haben sogar einen Platz im Blumenbeet verdient. Der blaugrün bereifte Blattkohl und der schwarzgrüne Toskanische Palmkohl haben hohen Zierwert und ziehen gerade im Winter bei Schnee oder Raureif die Blicke auf sich.

Kopfkohl

Zum Kopfkohl gehören unsere bekanntesten und beliebtesten Kohlarten ***Weißkraut***, ***Blaukraut*** und ***Wirsing***. Sie haben uns Deutschen den Spitznamen »Krauts« eingebracht. Vor allem das Weißkraut und das daraus hergestellte Sauerkraut sind aus der fränkischen Küche nicht wegzudenken. In früheren Zeiten war das Sauerkraut im Winter ein wichtiger Lieferant von Vitamin C.
Im Garten braucht man für Kopfkohl reichlich Platz, damit er sich voll entfalten kann. Gesät wird ab Februar, gepflanzt ab April. Späte Sorten vertragen im Herbst noch die ersten Fröste und können dann sehr gut eingelagert werden.

Rosenkohl

Auch er ist ein typisches Wintergemüse, allerdings nicht unbegrenzt frostbeständig. Nach der Pflanzung im Juni entwickeln sich kräftige Stängel. In den Blattachseln entstehen verdickte Seitenknospen, die »Röschen«. Um kräftige Röschen zu erhalten, kann man im September die Triebspitzen abbrechen. Nach dem ersten Frost bildet die Pflanze Zucker und die

Röschen schmecken aromatischer. Sie werden nach Bedarf von unten nach oben geerntet. Die Pflanzen sollten vor Schnee und extremen Temperaturen geschützt werden.

Kohlrabi

Kohlrabi ist bescheidener als seine großen »Geschwister«. Er hat nur eine kurze Kulturzeit, braucht wenig Platz und Nährstoffe und kann jederzeit in Lücken oder am Beetrand untergebracht werden. Jedoch sollte eine gleichmäßige Wasserversorgung gewährleistet sein, damit die Knollen nicht holzig werden. Die weißen und blauen Sorten können von Februar bis August gesät werden. Die Jungpflanzen dürfen nicht zu tief in die Erde gesteckt werden. Die Knollen bilden sich über der Erde, aber unterhalb des ersten Blattes. Am besten schmecken zarte, jung geerntete Knollen.

Kohlgemüse in der Küche

Ob weiß, grün oder blau, die Kohlgemüse sind kleine Nährstoffwunder und versorgen uns im Winter mit vielen wertvollen Vitaminen und Mineralstoffen. Serviert werden sie meist als Gemüse, doch sie schmecken auch als Suppe, in Aufläufen, gefüllt oder gebraten.

In der Küche verwenden wir ihre verschiedenen oberirdischen Pflanzenteile: von Blumenkohl und Brokkoli die Blüten bzw. Blütenknospen, von Chinakohl, Grünkohl, Kopfkohl und Rosenkohl die Blätter und vom Kohlrabi die Sprossknolle. Dementsprechend werden alle etwas anders in der Küche vorbereitet.

Bei Blumenkohl und Brokkoli schneidet man die einzelnen Röschen vom Strunk. Sie werden gewaschen und in kochendem Salzwasser gegart. Blumenkohl und Brokkoli können auch im Ganzen gedünstet werden.

Bei China- und Kopfkohl entfernt man die äußeren Hüllblätter und schneidet den Strunk keilförmig heraus. Die Köpfe werden dann halbiert oder geviertelt, gewaschen und nach Rezept weiter zerkleinert. Alternativ löst man die ganzen Blätter vom Kopf.

Grünkohl müssen Sie sehr gründlich waschen. Dann werden die Blätter von den Stielen gestreift und in reichlich Salzwasser kurz blanchiert. Die Blätter abgießen, abtropfen lassen und hacken.

Bei Rosenkohl kürzt man den Strunk großzügig, dabei fallen die äußeren welken Blätter von selbst ab. Die Röschen dann waschen und den Strunk kreuzweise einschneiden, damit sie gleichmäßig garen.

Kohlrabi wird einfach dünn geschält und je nach Rezept verarbeitet.

Blumenkohl im Weinteig

So mag man Blumenkohl in Mainfranken. Mit einem leichten Kräuterdip und etwas Weißbrot schmeckt der gebackene Blumenkohl auch als Vorspeise.

Für 4 Personen

125 g Mehl
2 Eier
1 EL Öl
125 ml Weißwein
Salz
1 Blumenkohl
Butterschmalz zum Ausbacken

Das Mehl in eine Schüssel sieben. Die Eier trennen. Eigelbe, Öl, Wein und 1 gute Prise Salz zum Mehl geben. Alles rasch zu einem glatten Teig verrühren. Den Teig bis zur Verwendung quellen lassen.
Inzwischen den Blumenkohl putzen und in nicht zu kleine Röschen teilen. Die Röschen waschen und in kochendem Salzwasser 10 Minuten garen. In ein Sieb abgießen und gut abtropfen lassen. Die Eiweiße steif schlagen und behutsam unter den Teig heben. In einer Pfanne mit hohem Rand reichlich Butterschmalz erhitzen. Die Blumenkohlröschen einzeln mit einer Gabel durch den Weinteig ziehen und im heißen Schmalz schwimmend knusprig goldgelb ausbacken. Dabei einmal wenden. Herausnehmen und auf Küchenpapier abtropfen lassen. Heiß servieren.
Und dazu: grüner Salat und Kartoffelsalat.

Nürnberger im »Blättla«

Nicht im »Weggla« wie gewohnt, sondern im Kohlblatt kommen die Bratwürstchen hier daher. Sie schmecken als Hauptgericht oder auch mal als Vorspeise. Je nach Saison können Sie die Nürnberger auch in Endivien-, Mangold- oder Spitzkohlblätter wickeln.

Für 4 Personen

1 Kopf Chinakohl
1/2 Bund Petersilie
200 g Doppelrahm-Frischkäse
4 TL mittelscharfer Senf
Salz, Pfeffer
16 Nürnberger Rostbratwürste
2 EL Öl
200 ml Gemüsebrühe
Zahnstocher zum Fixieren

Den Chinakohl putzen und 16 schöne Blätter ablösen (den Rest anderweitig verwenden). Die Kohlblätter waschen und dicke Mittelrippen flach schneiden. Die Blätter portionsweise in kochendem Salzwasser jeweils 1 Minute blanchieren. Herausheben, kalt abschrecken und abtropfen lassen. Auf der Arbeitsfläche ausbreiten und gut trocken tupfen.
Die Petersilie waschen und trocken schütteln. Die Blättchen fein hacken. Frischkäse, Senf und Petersilie verrühren. Mit Salz und Pfeffer abschmecken.
Die Chinakohlblätter mit je 1 Teelöffel Senfcreme bestreichen und je 1 Bratwurst darauflegen. Die Längsränder einschlagen und die Blätter aufrollen. Mit Zahnstochern feststecken.
Das Öl in einer Pfanne erhitzen. Die Bratwurströllchen darin in 10–15 Minuten rundum braten. Herausnehmen und warm stellen. Den Bratensatz mit der Gemüsebrühe lösen und kurz aufkochen lassen. Mit Salz und Pfeffer abschmecken und zu den Röllchen servieren.
Und dazu: Kartoffelpüree, Kartoffelsalat oder Laugenbrezeln.

Wirsing in Meerrettichrahm

Wirsing und Meerrettich sind in der Küche ein sehr delikates Paar.

Für 4 Personen als Beilage

1 Kopf Wirsing (etwa 500 g)
200 g Sahne
2 EL Sahnemeerrettich (aus dem Glas)
40 g kalte Butter
Salz, Pfeffer
frisch geriebene Muskatnuss

Die äußeren Blätter des Wirsings entfernen, den Strunk herausschneiden und den Kopf in einzelne Blätter teilen. Die Blätter halbieren und die dicken Blattrippen entfernen. Die Blätter waschen. Dann in kochendem Salzwasser in 4–5 Minuten bissfest garen. In ein Sieb abgießen, kalt abschrecken und abtropfen lassen. Den Wirsing gut ausdrücken und klein schneiden.

Wirsing und die Hälfte der Sahne in einem Topf erhitzen. Die restliche Sahne mit dem Meerrettich verquirlen. Meerrettichsahne und Butter in den Wirsing rühren. Das Gemüse mit Salz, Pfeffer und Muskat abschmecken. Sofort servieren.

Und dazu: Schäufele oder Gänsebraten und Klöße.

Krautbraten

Was kochen wir denn heute? Wie wäre es mit einem riesigen Krautwickel – der macht wesentlich weniger Arbeit als viele kleine und schmeckt immer an kühlen Tagen.

Für 4 Personen

1 kleiner Kopf Weißkraut (etwa 500 g)
2 Zwiebeln
3 EL Butter- oder Schweineschmalz
+ Schmalz für die Form
500 g gemischtes Hackfleisch
250 g Schweinegulasch
1 EL Kümmel
Salz, Pfeffer
125 ml Weißwein
6 Scheiben durchwachsener geräucherter Schweinebauch

Das Kraut putzen, den Strunk herausschneiden und den Kopf waschen. Den ganzen Kopf in kochendes Wasser legen, kurz aufkochen und 10 Minuten darin sieden lassen. Herausheben, abtropfen lassen und 12 große Blätter ablösen. Das restliche Kraut klein schneiden.
Die Zwiebeln schälen und hacken. In einem großen Topf 2 Esslöffel Schmalz erhitzen und die Zwiebeln darin glasig dünsten. Hackfleisch und Gulasch zugeben und darin anbraten. Das gehackte Kraut unterheben. Mit Kümmel, Salz und Pfeffer würzen. Den Wein zugießen und 10 Minuten köcheln lassen.
Inzwischen den Backofen auf 220 °C (Umluft 200 °C) vorheizen. Eine Auflaufform fetten. Die Form mit 8 Krautblättern auslegen. Die Fleischmischung einfüllen und mit den restlichen 4 Blättern abdecken. Das restliche Schmalz in Flöckchen darauf verteilen.
Den Braten zugedeckt im Ofen (Mitte) etwa 45 Minuten garen. Dann die Speckscheiben darauflegen und offen nochmals 15 Minuten im Ofen braten.
Und dazu: Salzkartoffeln.

Wurzelgemüse

Von Tag zu Tag wird es kühler, und bald gibt es auch den ersten Frost. Höchste Zeit, im Garten die Wurzelgemüse aus dem Boden zu nehmen.

Der Begriff »Wurzelgemüse« beschreibt jedoch keine botanische Zugehörigkeit, sondern steht für Pflanzen, deren unterirdische Teile essbar sind. Genauer handelt es sich dabei um verdickte Wurzeln oder Teile des Stängels. Einige historische Wurzelgemüsearten, wie zum Beispiel die Pastinake, waren vor dem Siegeszug der Kartoffel wichtige Grundnahrungsmittel, auch bei uns in Franken. Lange Zeit waren sie aus unseren Gärten und Kochtöpfen verschwunden, aber seit Kurzem werden sie wieder neu entdeckt. Alle Wurzelgemüse lassen sich gut einlagern und stehen so der Küche den ganzen Winter über stets frisch zur Verfügung.

S. 144
Lagern

Gelbe Rübe

Unsere fränkische Gelbe Rübe wird auch nach ihrem lateinischen Namen ***Karotte*** *(Daucus carota)* genannt. Im allgemeinen Sprachgebrauch heißt sie in der Regel Möhre. Die traditionsreiche Wurzel ist das zweitwichtigste Gemüse in der EU. Sie schmeckt gekocht wie auch roh und stärkt mit ihrem Carotin unsere Sehkraft. Möhren gibt es in sehr vielen Formen – von rund und klein bis lang und spitz – und in diversen Farben – von Weiß über Gelb, Orange, Rot bis Violett. Da ist für jeden Geschmack etwas dabei.

Gelbe Rüben im Garten

Beim Anbau im Garten brauchen Gelbe Rüben leichten, tief gelockerten Boden. Nur dann bilden sie lange, gerade wachsende Rüben. Als Mittelzehrer kann ihr Nährstoffbedarf mit Kompostgaben gedeckt werden. Aber bitte keinen frischen Mist verwenden! Er begünstigt den Befall mit der Möhrenfliege, deren Maden die Rüben zerfressen.

Die Aussaat auf dem Beet erfolgt satzweise ab März, für späte Sorten bis in den Juni. Da die Samen sehr langsam keimen, kann man die Reihen mit einigen der schnell wachsenden Radieschensamen markieren. Nach der Saat ist gleichmäßige Feuchtigkeit wichtig. Die dicht stehenden Sämlinge werden auf 4 cm vereinzelt. Späte Sorten stehen bis zum Herbst auf dem Beet und können dann eingelagert werden.

In der Mischkultur mit Zwiebeln oder auch Dill bleiben Gelbe Rüben von der Möhrenfliege verschont.

Pastinake

Die ***Pastinake*** *(Pastinaca sativa)* oder Hammelmöhre war aus Großmutters Garten nicht wegzudenken und gehörte früher zu den wichtigsten Nahrungsmitteln der »kleinen Leute«. Sie sieht der Gelben Rübe sehr ähnlich, ist aber weiß und weniger hart. Deshalb gart sie auch schneller.

Im Herbst kann sie ausgegraben und eingelagert werden. Die frostbeständige Pastinake könnte aber den Winter durchaus auch in der Erde überdauern. Besonders aromatisch sind die Wurzeln, wenn sie eine Länge von etwa 20 cm und damit ein Gewicht von knapp 300 g erreicht haben. Größere und zu alte Exemplare schmecken leicht holzig. Am besten sind die Pastinaken übrigens nach dem ersten Frost.

Als Doldenblütler sind Pastinake und Gelbe Rübe eng verwandt und werden deshalb im Garten gleich behandelt.

Wurzelpetersilie

Die ***Wurzelpetersilie*** *(Petroselinum crispum)*, auf Fränkisch kurz »Peterle«, ist die Dritte im Bunde der Doldenblütler. Ihre Wurzeln und Blätter sind unentbehrlich als Würze für Suppen und Eintöpfe. Zusammen mit Gelber Rübe und Sellerie ist sie klassischer Bestandteil des Suppengrünbunds. Die kegelförmige, weiße Wurzel kann aber wesentlich

mehr als nur würzen. Gekocht, gebraten oder püriert schmeckt sie auch solo.

Schwarzwurzel

Statt ***»Schwarzwurzeln«*** *(Scorzonera hispanica)* hört man auch häufig die Bezeichnung »Winterspargel« oder fränkisch »Störzernerla«. Das Korbblütengewächs bildet bis zu 40 cm lange Wurzeln und verlangt entsprechend tiefgründig gelockerten, sandigen Boden. Nach der Saat im März werden die jungen Pflänzchen auf 10 cm vereinzelt. Sie möchten reichlich Feuchtigkeit, brauchen aber nur mittlere Nährstoffversorgung.

Da die Wurzeln leicht brechen, muss man bei der Ernte im Herbst vorsichtig zu Werke gehen. Im Lager trocknen die Wurzeln leicht aus. Deshalb lässt man sie besser auf dem Beet, wo sie absolut frosthart sind.

Wurzelgemüse in der Küche

Sie sind klassischer Bestandteil der Winterküche, denn mit ihren Vitaminen und

Mineralstoffen bringen Wurzelgemüse uns gesund durch den Winter. Gelbe Rüben, Pastinaken und Petersilienwurzeln entfalten ihr süßlich-würziges Aroma als Rohkost oder gekocht in Suppe, Eintopf, als Gemüse oder Püree. Sie lassen sich beliebig untereinander und mit anderen Gemüsen kombinieren.

In der Küche machen sie es uns recht einfach: Wenn das Grün abgeschnitten und verbliebene Erdreste abgewaschen sind, schält man die Wurzeln dünn und schneidet die Enden ab. Ideal zum Schälen ist ein Sparschäler. Damit entfernt man nur wenig des kostbaren Wurzelfleisches, in dem die meisten Inhaltsstoffe stecken.
Für den Vorrat können Sie die drei auch problemlos tiefkühlen. Dafür in Stücke schneiden, etwa drei Minuten blanchieren und abgekühlt in Gefrierbehälter füllen.

Etwas heikler sind die Schwarzwurzeln. Beim Schälen sondern sie einen klebrigen, weißen Milchsaft ab. Er oxidiert schnell an der Luft und hinterlässt hartnäckige Flecken auf Haut und Kleidung. Dem kann man mit Einmalhandschuhen vorbeugen. In jedem Fall aber müssen die Wurzeln zügig geputzt werden. Dafür die Wurzeln unter fließendem Wasser abbürsten, mit einem Sparschäler schälen und sofort in Zitronen- oder Essigwasser legen. So bleiben sie schön weiß.

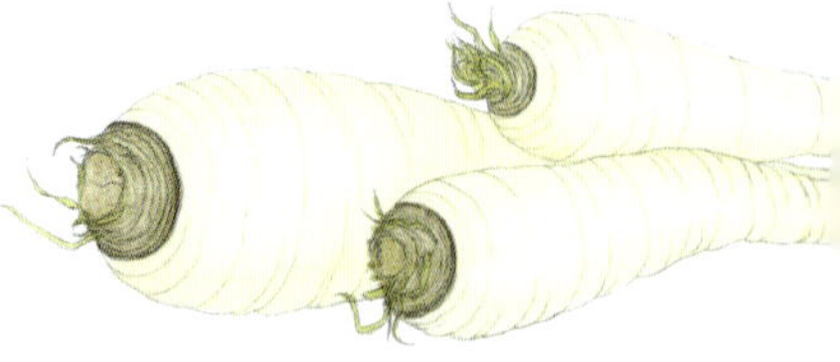

»Peterlessuppe« mit Würzöl

»Wie's Peterle auf allen Suppen«, heißt es in einer fränkischen Redensart. So nennt man jemanden, der gerne überall mitmischt – wie eben die Petersilie. In dieser Suppe tut sie das gleich doppelt: als Wurzel und als Würzöl.

Für 4 Personen

1 mittelgroße Zwiebel
500 g Wurzelpetersilie
2 mittelgroße Kartoffeln
2 EL Butter
100 ml Weißwein
750 ml Fleisch- oder Gemüsebrühe
200 g Sahne
Salz, Pfeffer

Für das Würzöl:
4 Stängel glatte Petersilie
2 EL Olivenöl
1 Msp. Cayennepfeffer
oder Chiliflocken

Die Zwiebel schälen und fein hacken. Wurzelpetersilie und Kartoffeln waschen, dünn schälen und in kleine Würfel schneiden.
Die Butter in einem großen Topf erhitzen. Die Zwiebel darin glasig dünsten. Wurzelpetersilie und Kartoffeln zugeben und ebenfalls andünsten. Mit dem Wein ablöschen. Die Brühe zugießen. Aufkochen und etwa 10 Minuten köcheln lassen, bis das Gemüse weich ist.
Inzwischen für das Würzöl die Petersilie waschen und trocken schütteln. Die Blättchen abzupfen und sehr fein hacken. Mit Öl und Cayennepfeffer verrühren.
Die Suppe mit dem Stabmixer fein pürieren. Die Sahne zugießen und nochmals durchmixen. Mit Salz, Pfeffer und Wein pikant abschmecken. Die Suppe portionsweise anrichten und mit dem Würzöl beträufeln. Sofort servieren.

Schwarzwurzeln mit Zitronenduft

Früher nannte man die Wurzeln herablassend »Spargel der Armen«. Völlig zu Unrecht. Sie enthalten wertvolle Vitamine und Mineralstoffe und sind ein wahres Anti-Stress-Gemüse. Als Abendmahl wirken sie entspannend und beruhigend und geleiten uns sanft in den Schlaf.

Für 4 Personen als Vorspeise

2 Bund Petersilie
1 Knoblauchzehe
3 Bio-Zitronen
3 EL Olivenöl
Salz, Pfeffer
1 kg Schwarzwurzeln

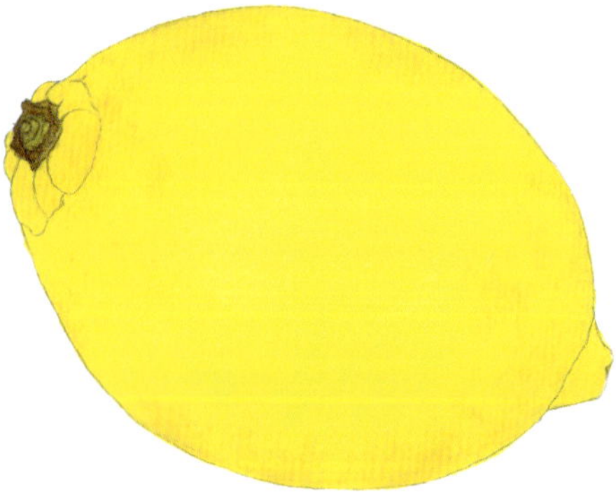

Die Petersilie waschen und trocken schütteln. Knoblauch schälen und fein hacken. Die Zitronen heiß abwaschen und abtrocknen. Die Schale dünn abreiben. In einer großen Schüssel mischen. Öl, Salz und Pfeffer unterrühren. Beiseitestellen.
Die Zitronen auspressen. Den Saft in eine Schüssel mit kaltem Wasser gießen. Die Schwarzwurzeln unter fließend kaltem Wasser abbürsten, rasch schälen und in etwa 5 cm lange Stücke schneiden. Die Stücke sofort in das Zitronenwasser legen.
In einem Topf Salzwasser erhitzen und die Schwarzwurzeln darin in etwa 10 Minuten bissfest kochen. In ein Sieb abgießen und kurz abtropfen lassen. Die Stücke zum Petersilien-Zitronen-Mix in die Schüssel geben und behutsam untermischen. Warm als Vorspeise oder kalt als Salat servieren.

Pastinaken-Baggers

Wer gerne Baggers isst, wird an dieser bunten Variante sicherlich schnell Gefallen finden.

Für 4 Personen als Beilage

500 g Pastinaken
250 g Gelbe Rüben
250 g Kartoffeln
2–3 Eier
2 EL Mehl
Salz, Pfeffer
frisch geriebene Muskatnuss
1 Bund Schnittlauch
Butterschmalz zum Braten

Pastinaken, Gelbe Rüben und Kartoffeln waschen, dünn schälen und auf der Küchenreibe grob raspeln. Gemüseraspel, Eier und Mehl verrühren. Mit Salz, Pfeffer und Muskatnuss würzen.
Den Schnittlauch waschen, trocken schütteln und in Röllchen schneiden. Unter den Gemüseteig rühren.
In einer Pfanne etwas Butterschmalz erhitzen. Jeweils 1–2 Esslöffel Teig hineingeben und zu runden Küchlein formen. Die Baggers von beiden Seiten goldbraun braten. Auf Küchenpapier abtropfen lassen und servieren.
Und dazu: Salat und ein Klecks Schmand.

Karpfenfilet auf Wurzelgemüse

Sie kennen Karpfen nur im Ganzen? Dann probieren Sie ihn mal so. Auf dem aromatischen Gemüsebett sind die Filets rasch gar und herrlich aromatisch.

Für 4 Personen

4 Karpfenfilets
2 Gelbe Rüben
1 Petersilienwurzel
1/2 Sellerieknolle
3 Zwiebeln
1 Bund Petersilie
3 EL Butter
375 ml trockener Weißwein
Salz, Pfeffer
3–4 EL Weißweinessig
frisch gehobelter Meerrettich zum Servieren

Die Karpfenfilets waschen und mit Küchenpapier trocken tupfen. Eventuell verbliebene Gräten mit einer Pinzette entfernen. Die Filets in mundgerechte Stücke teilen.
Gelbe Rüben, Petersilienwurzel, Sellerie und Zwiebeln schälen. Alles Gemüse in feine Streifen schneiden. Die Petersilie waschen, trocken schütteln und die Blättchen hacken.
In einem weiten Topf 2 Esslöffel Butter erhitzen, das Gemüse darin andünsten. Wein mit 375 ml Wasser mischen und das Gemüse damit ablöschen. Die Karpfenstücke mit Salz und Pfeffer würzen und auf das Gemüse legen. Den Essig leicht erwärmen und über die Karpfenstücke träufeln.
Einen Deckel auflegen und alles bei schwacher bis mittlerer Hitze 10–12 Minuten köcheln lassen. Die Karpfenfilets herausnehmen. Das Gemüse mit Salz und Pfeffer abschmecken. Die Petersilie und 1 Esslöffel Butter unterziehen. Das Gemüse portionsweise mit den Karpfenstücken anrichten. Mit Meerrettichspänen bestreuen und servieren.
Und dazu: Salzkartoffeln.

Steckrübe und Sellerie

Eigentlich gehören auch die beiden zu den Wurzelgemüsen und sind klassische Wintergemüse. Doch im Unterschied zu Gelben Rüben & Co. bilden sie runde Knollen aus.

Die Steckrübe

Nein, sie kam nicht aus dem Mittelmeerraum oder der Neuen Welt zu uns. Die ***Steckrübe*** *(Brassica napus)*, auch Kohlrübe oder Erdkohlrabi genannt, wanderte im 17. Jahrhundert aus Skandinavien ein. Alten Leuten ist die Steckrübe noch als Hauptnahrungsmittel aus früheren Hungerwintern in Erinnerung. Besonders im Ersten Weltkrieg ernährten sich die Menschen in Deutschland zeitweise fast nur davon. Damals bereitete man sogar solche »Spezialitäten« wie Steckrüben-Konfitüre und Steckrüben-Kaffee zu. Der Kriegswinter 1916/17 ging dann auch als »Steckrübenwinter« in die Geschichte ein. Später im Zweiten Weltkrieg kramte man notgedrungen wieder die alten Steckrübenrezepte hervor. Danach aber konnten viele die großen, dicken Knollen nicht mehr sehen. So verschwanden sie leise aus unseren Hausgärten und Küchen. Erst seit kurzer Zeit wird das delikate Gemüse wieder entdeckt.

Steckrüben im Garten

Nach der Aussaat im Mai/Juni werden die Pflänzchen im Juni/Juli ausgepflanzt. Sie entwickeln unter der Erde runde Knollen mit einer dicken, grün-violetten Schale und hellgelbem Fruchtfleisch. Vor dem Frost werden die Steckrüben geerntet und halten sich im Lager bis zum Frühjahr.

Teltower Rübchen, Mairübe und Herbstrübe

Nah verwandt mit der Steckrübe sind ***Teltower Rübchen***, ***Mairübe*** und ***Herbstrübe*** *(Brassica rapa)*. Alle drei haben eine kurze Kulturzeit von 6–8 Wochen und können vor oder nach einer Hauptkultur angebaut werden.

Der Sellerie

Sellerie stammt ursprünglich aus den Küstengebieten des Mittelmeerraums. Dort wuchs seine Wildform auf feuchten, salzhaltigen Böden. Dieser Wildsellerie war schon in der Antike bei Ägyptern, Griechen und Römern eine geschätzte Heilpflanze. Und auch bei uns wurde die würzige Knolle bis nach dem Mittelalter vorwiegend als Arzneipflanze genutzt.

Sellerie im Garten

Als Gartenformen unterscheiden wir zwischen Knollensellerie und Bleich- oder Stangensellerie. Der ***Knollensellerie*** *(Apium graveolens)* liebt nährstoffreichen Boden in sonniger Lage. Da er als Lichtkeimer spezielle Ansprüche hat, lohnt sich eine eigene Aussaat nicht. Jungpflanzen bekommt man beim Gärtner. Nach den Eisheiligen im Mai werden sie gepflanzt. Dabei dürfen sie nicht zu tief gesetzt werden, sonst bilden sich keine Knollen. Regelmäßige Wasserversorgung und eine Kalidüngung, zum Beispiel in Form von Holzasche, sorgen für eine gesunde Entwicklung. Aufgrund seiner Herkunft ist Sellerie dankbar für eine Gabe von aufgelöstem Kochsalz.

Vor dem Frost werden die Knollen geerntet und für den Winter eingelagert.

Sellerie für die Manneskraft

Ja, ja der Sellerie. Im Mittelalter galt er als Garant für ein erfülltes Liebesleben. Er war eine beliebte Zutat für Liebestränke, und zur Potenzsteigerung strich sich manch einer bisweilen sogar Selleriesaft auf den Penis. Noch heute ist die »dolle Knolle« in der Volksmedizin ein beliebtes Mittel, mit dem sich Impotenz und sexuelle Unlust vertreiben lässt.
Doch was steckt dahinter? Die Wissenschaft bescheinigt dem Sellerie zwar einen hohen Gehalt an lebenswichtigen Mineralstoffen und Vitaminen, aber reicht das? Des Rätsels Lösung könnten seine hormonähnlichen Substanzen sein, die den menschlichen Sexuallockstoffen gleichen.

Steckrübe und Sellerie in der Küche

Ob Schlafgemach oder Küche, kaum ein Gemüse ist so vielseitig wie Sellerie. Er schmeckt als Rohkost oder Beilage, als Auflauf oder Püree und ist unverzichtbarer Teil vom Suppengrün. Sein frisch-würziges Aroma verdankt der Knollensellerie dem hohen Anteil an ätherischen Ölen. Zusammen mit anderen Vitaminen und Mineralstoffen macht ihn das zu einem wertvollen Wintergemüse.

Eine andere, gar wundersame Eigenschaft besitzen die Steckrüben: Sie nehmen beim Kochen fremde Aromen an. Kocht man sie beispielsweise mit Äpfeln, schmecken sie danach auch so. Legt man sie mit Gurken ein, nehmen sie deren Geschmack an. Diese Eigenschaft machte sie in Notzeiten als Ersatz so begehrt.

Steckrüben schmecken roh, gekocht, gebraten oder als Püree. Beim Kochen sollten Sie jedoch die Uhr im Auge haben, denn Steckrüben entwickeln bei zu langer Garzeit einen unangenehm kohligen Geschmack.

Sowohl Steckrübe als auch Sellerie müssen vor der Zubereitung gewaschen und geschält werden. Dann können Sie die Knollen je nach Rezept in fingerdicke Scheiben, Stücke und Würfel schneiden oder raspeln. Sellerie müssen Sie danach sofort verarbeiten, sonst verfärbt er sich braun. Wollen Sie ihn roh verwenden, beträufeln Sie ihn mit Zitronensaft. Das verhindert die Verfärbung.

Für den Vorrat lassen sich beide einfrieren. Dafür schälen, in Stücke schneiden und portionsweise tiefkühlen. Steckrüben müssen Sie davor noch ganz kurz blanchieren.

Sellerie-»Schafmäuli«-Salat mit Bratapfel

Feldsalat, Sellerie und Äpfel sind eine beliebte und vitaminreiche Kombination der fränkischen Winterküche.

Für 4 Personen

1/2 Sellerieknolle (300 g)
3 EL Zitronensaft
1 Schuss Weinessig (nach Wunsch)
2 EL flüssiger Honig
2 EL Nussöl
4 EL Rapsöl
Salz, Pfeffer
100 g Feldsalat
40 g Walnusskerne

Für die Bratäpfel:
4 Zweige Rosmarin
4 Äpfel
16 Scheiben Schinkenspeck
Rapsöl zum Braten
Zahnstocher zum Fixieren

Den Sellerie schälen und in feine Stifte hobeln oder schneiden. Die Stifte sofort mit Zitronensaft, nach Wunsch Weinessig, Honig, beiden Ölsorten, Salz und Pfeffer in einer Schüssel mischen. Den Selleriesalat 30 Minuten ziehen lassen.
Inzwischen den Feldsalat putzen, waschen und trocken schleudern. Die Walnüsse grob hacken und in einer Pfanne ohne Fett goldbraun rösten.
Für die Bratäpfel den Rosmarin waschen, trocken schütteln und in je 4 Ästchen teilen. Die Äpfel schälen, vierteln und das Kerngehäuse entfernen. Jedes Viertel mit 1 Rosmarinästchen belegen und mit 1 Scheibe Speck umwickeln. Mit Zahnstochern feststecken.
In einer Pfanne etwas Öl erhitzen und die Äpfel darin bei mittlerer Hitze rundum knusprig braten. Auf Küchenpapier abtropfen lassen, die Zahnstocher entfernen.
Selleriesalat, Feldsalat und Walnüsse locker mischen. Portionsweise mit den warmen Bratäpfeln anrichten. Sofort servieren.

Sellerieschnitzel mit Käsekruste und Dip

Unter der knusprigen Käsekruste steckt kein Fleisch, sondern eine aromatische Selleriescheibe. Auf diese Weise können Sie auch eine Steckrübe zubereiten.

Für 4 Personen

1 Sellerieknolle (etwa 800 g)
Salz
1 EL Zitronensaft
5 EL Mehl
100 g Semmelbrösel
50 g frisch geriebener Hartkäse
(z. B. Parmesan)
2 Eier
je 2 EL Öl und Butter

Für den Sauerrahmdip:
100 g Sauerrahm
100 g Mayonnaise
1 TL scharfer Senf
1 TL süßer Senf
fein gehackter Schnittlauch oder Dill

Die Sellerieknolle schälen und in 1 cm dicke Scheiben schneiden. In einem Topf Wasser mit Salz und Zitronensaft aufkochen. Die Selleriescheiben in etwa 5 Minuten bissfest garen. Herausheben, kalt abschrecken und abtropfen lassen. Die Scheiben nach Wunsch halbieren oder vierteln.

Inzwischen für den Dip Sauerrahm und Mayonnaise verrühren. Mit beiden Senfsorten und Schnittlauch würzen. Beiseitestellen.

Das Mehl auf einen Teller streuen. Semmelbrösel und Käse in einem zweiten Teller mischen. Die Eier mit 1 Prise Salz in einem dritten Teller verquirlen. Die Selleriescheiben zuerst im Mehl, dann im Ei und zuletzt in der Bröselmischung wenden.

Öl und Butter in einer Pfanne erhitzen. Die Selleriescheiben darin bei mittlerer Hitze von jeder Seite etwa 5 Minuten braten. Auf Küchenpapier abtropfen lassen. Mit dem Dip servieren.

Und dazu: Salat. Statt des Sauerrahmdips schmeckt auch die Radieschen-Remoulade (siehe Seite 45) dazu.

Wintergemüse aus dem Ofen

Eigentlich ist das geschmorte Wurzelgemüse ja eine Beilage. Mit knusprigen Bratkartoffeln oder bissfest gegarten Bandnudeln können Sie es jedoch auch als eigenständiges Gericht servieren.

Für 4 Personen als Beilage

1 rote Zwiebel
200 g Gelbe Rüben
200 g Steckrüben
200 g Wurzelpetersilie
200 g Knollensellerie
je 1 Thymian- und Rosmarinzweig
3 EL Olivenöl
125 ml Rotwein
125 ml kräftige Gemüsebrühe
Salz, Pfeffer, Zucker
1 Stück Butter

Die Zwiebel schälen, halbieren und in dünne Scheiben schneiden. Alle Wurzelgemüse schälen und in 1–2 cm große Würfel schneiden. Thymian und Rosmarin waschen und trocken schütteln. Den Backofen auf 200 °C (Umluft 180 °C) vorheizen.

Das Öl in einem ofenfesten Topf erhitzen. Die Zwiebel darin anbraten. Gemüsewürfel, Thymian und Rosmarin zugeben und unter Rühren ebenfalls anbraten. Mit Wein und Brühe ablöschen. Mit Salz, Pfeffer und Zucker würzen. Den Topf abdecken und das Gemüse im Ofen (Mitte) 20–25 Minuten garen. Die Butter einrühren und nochmals mit Salz und Pfeffer abschmecken.

Und dazu: kurz gebratenes Fleisch oder Braten, wer mag, auch Bratkartoffeln.

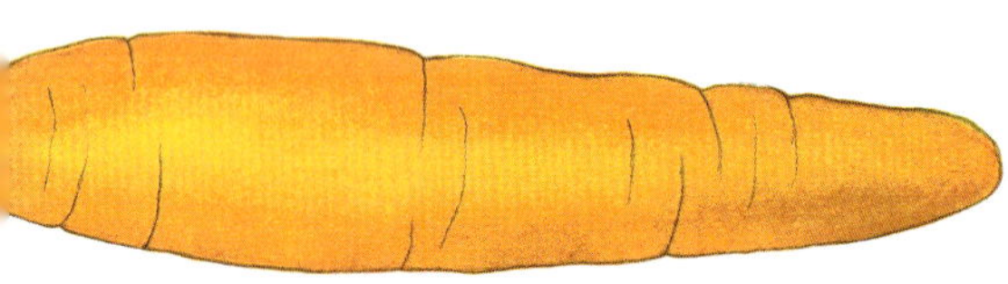

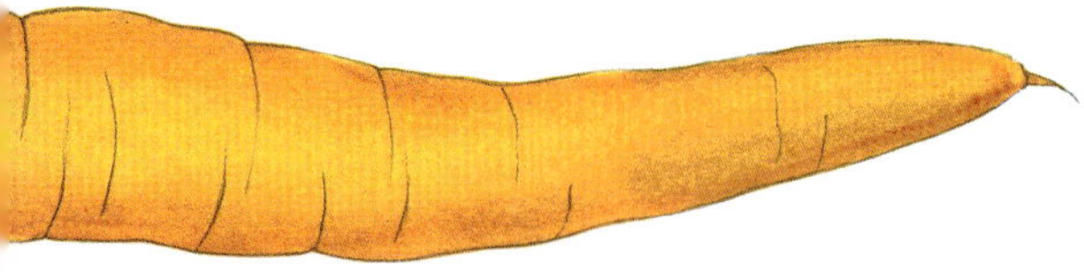

Hirschsteaks mit Steckrüben-»Stopfer«

Ein feines Gericht für kalte Wintertage oder für das Weihnachtsmenü. Statt Hirschsteaks schmecken auch Rinderfiletsteaks. Und den »Stopfer«, wie Kartoffelpüree in Mittelfranken genannt wird, können Sie auch zu anderen Gerichten servieren.

Für 4 Personen

5–6 Schalotten
4 Hirschsteaks (à etwa 160 g)
Salz, Pfeffer
2 EL Öl
300 ml Wildfond (aus dem Glas)
2 EL Hiffenmark
(Hagebuttenkonfitüre)

Für das Steckrübenpüree:
500 g Steckrüben
2 große Kartoffeln
100 ml Sahne oder Milch
5 EL Butter
Salz
frisch geriebene Muskatnuss

Für das Steckrübenpüree die Steckrüben und Kartoffeln waschen, schälen und in Würfel schneiden. Die Würfel in wenig Salzwasser etwa 20 Minuten garen.
Inzwischen den Backofen auf 80 °C vorheizen. Die Schalotten schälen und längs halbieren. Die Hirschsteaks trocken tupfen. Mit Salz und Pfeffer würzen. Das Öl in einer Pfanne erhitzen und die Steaks darin von jeder Seite 3–4 Minuten kräftig anbraten. Herausnehmen, in Alufolie wickeln und im Ofen warm stellen.
Die Schalotten im Bratfett 2–3 Minuten anbraten. Den Fond zugießen und bei starker Hitze etwa 5 Minuten einkochen lassen.
Inzwischen die Steckrüben abgießen. Sahne und Butter leicht erwärmen. Zu den Steckrüben gießen und alles mit dem Kartoffelstampfer fein zerdrücken. Das Püree rühren, mit Salz und Muskat würzig abschmecken.
Den ausgetretenen Fleischsaft der Steaks zur Sauce gießen. Das Hiffenmark einrühren und mit Salz und Pfeffer abschmecken. Steaks, Püree und Sauce portionsweise anrichten. Sofort servieren.
Und dazu: Feldsalat oder Wintergemüse aus dem Ofen (siehe vorherige Seite).

Glossar

Aussaat und Anzucht

Im Frühjahr juckt es echte Gärtner in den Fingern. Die Sonne lockt nach draußen, sie wollen säen und pflanzen. Im Fachhandel gibt es jetzt alle Arten von vorgezogenen Jungpflanzen, aber vieles kann man auch leicht selbst ziehen.

Das **Saatbeet** ist gut vorbereitet, die Erde locker und krümelig, feucht – aber nicht nass – und vor allem warm genug, damit die zarten Sämlinge gedeihen können. Zum Säen zieht man zuerst entlang einer gespannten Schnur Rillen ins Beet. In diese streut man dann dünn die Samen und bedeckt sie leicht mit Erde. Die Überdeckung sollte so dick sein wie die Samenkörner selbst. Zuletzt wird die Reihe mit dem Rücken eines Rechens angedrückt und vorsichtig angegossen. Zum Gießen verwendet man eine feine Brause und abgestandenes Wasser. Nach dem Aufgehen werden die dicht stehenden Sämlinge vereinzelt oder auf eine andere Reihe verpflanzt.

Viele Gemüsearten sind besonders wärmeliebend und vertragen eine frühe Aussaat im Freien nicht (Hinweise auf den Samentütchen beachten). Sie werden deshalb im Frühbeet oder auf der Fensterbank vorgezogen.

Einen **Frühbeetkasten** oder Mistbeetkasten können Sie selbst bauen oder als Bausatz kaufen. Im Garten wird er so aufgestellt, dass er nach Süden geneigt ist. Durch die Abdeckung aus Glas oder Plexiglas erwärmt sich das Innere des Kastens – optimale Bedingungen, um empfindliche Gemüse darin auszusäen und anzupflanzen. Nach Wunsch können Sie im zeitigen Frühjahr eine Mistpackung in den Kasten einbringen. Dazu heben Sie die Erde im Kasten 40–60 cm tief aus, füllen Pferdemist hinein und decken 20 cm Erde darüber. Diese Mistpackung wirkt wie eine Heizung.

Für Aussaaten auf der **Fensterbank** ist die Belichtung besonders wichtig. Sämlinge, die nicht hell genug stehen, werden lang und dünn und fallen schließlich um. Der richtige Ort für Ihre Saatkistchen ist an einem nach Südosten oder Südwesten gerichteten Fenster. Verwenden Sie spezielle Aussaaterde für die Saatgefäße. Hier wird mit feiner Brause und temperiertem Wasser angegossen. Bei Temperaturen von 18–22 °C keimen die Samen schnell. Die kräftigsten Sämlinge werden dann in kleine Töpfchen gepflanzt. So werden daraus kräftige Jungpflanzen, die im Garten gut anwachsen können.

Balkongarten

Sie würden gerne Gemüse anbauen, haben aber keinen Garten? Kein Problem! Schon mit ein bisschen Platz auf dem

Balkon oder der Terrasse können Sie sich diesen Traum erfüllen.

Gewürzkräuter gedeihen im Balkonkasten, und ein mit Erde gefülltes Obstkistchen reicht für eine »Salatwiese«. Größere Pflanzen dagegen brauchen auch größere Gefäße: Kunststoffeimer oder -wannen, Holzkisten oder dekorative Keramikkübel. Wichtig ist, dass die Gefäße ein Loch für den Wasserabzug haben, damit keine Staunässe entsteht. Für die Befüllung der Pflanzgefäße verwenden Sie gute Kübelerde, die ausreichend Wasser und Nährstoffe speichern kann. Eine Ausrichtung des Balkons nach Südwesten oder Südosten ist optimal für die Belichtung der Gemüsepflanzen. Die geschützte Lage nahe an der Hauswand kommt wärmeliebenden Gemüsen wie Tomaten, Paprika, Gurken oder Zucchini sehr zugute. Große Gemüsepflanzen wie Tomaten sollten zehn Liter Erde zur Verfügung haben. Zu ihren Füßen können Sie dann Salat, Radieschen oder Gelbe Rüben säen. Platzsparend sind alle kletternden Arten – z. B. Gurken, Kletterzucchini oder Feuerbohnen –, die am Geländer oder an gespannten Schnüren gezogen werden können. Hängeerdbeeren wachsen gut in Blumenampeln. Vergessen Sie nicht, Ihre Schützlinge regelmäßig zu gießen und während der Wachstumszeit zu düngen.

S. 34
SALATE

ERDSACK-KULTUR

Bei dieser Methode wachsen die Pflanzen direkt im Erdsack – ideal, wenn man sich keine Pflanzkübel anschaffen will. Am besten eignet sich Erde, die mit Langzeitdünger versorgt ist. Sie gibt die Nährstoffe im Laufe der Vegetationszeit allmählich an die Pflanzen ab, ein Nachdüngen entfällt. In die auf dem Boden liegende Seite des Sacks stechen Sie mit einer Gabel mehrere Löcher. Das sorgt dafür, dass kein Wasser im Sack stehen bleibt. In die Oberseite schneiden Sie Kreuzschlitze und pflanzen die Wurzelballen der Gemüsepflanzen hinein. Jetzt noch angießen und fertig ist Ihr Gemüsebeet. In einem 40-Liter-Erdsack haben vier Tomatenpflanzen Platz. Natürlich können Sie auch alle anderen Gemüsearten auf diese Weise kultivieren.

FRUCHTWECHSEL

Unter Fruchtwechsel versteht man das zeitliche Nacheinander verschiedener Kulturpflanzen auf einer Fläche. Werden nämlich die gleichen Pflanzen über längere Zeit am selben Platz angebaut, wird der Boden »müde«, d. h. durch ihren Nährstoffverbrauch ausgelaugt. Gleichzeitig reichern sich Wurzelausscheidungen und Krankheitserreger an. Diese Bodenmüdigkeit führt dazu, dass die Pflanzen nicht mehr gut gedeihen. Ein jährlicher Fruchtwechsel dagegen hält den Boden lebendig und fruchtbar.

Eng verwandte Pflanzenarten werden häufig von den gleichen Krankheiten befallen. Sie dürfen nicht nacheinander auf der selben Fläche angebaut werden. Ein Beispiel dafür sind die Kohlgemüse, die ebenso wie Rettich, Steckrüben und Senf zu den Kreuzblütlern gehören. Sie alle sind von der Kohlhernie bedroht und sollten nicht öfter als alle vier Jahre auf demselben Beet stehen.

S. 136
Kohlgemüse

Für die Planung des Fruchtwechsels im Gemüsegarten sollten Sie auch den Nährstoffbedarf der Gemüsearten kennen. Je nachdem wie viele Nährstoffe die Pflanzen dem Boden entziehen, spricht man von Stark-, Mittel- oder Schwachzehrern. Diesen Entzug gleicht man durch Düngung wieder aus.

Starkzehrer sind alle Kohlgemüse – außer Kohlrabi –, weiterhin Gurken, Zucchini und Kürbisse, Lauch, Knollensellerie und Tomaten. Ihre Beete werden im Herbst oder im zeitigen Frühjahr mit organischem Dünger – Mist, Kompost, Horn- oder Knochenmehl – versorgt. Während der Wachstumszeit brauchen die Kulturen noch zusätzliche Kopfdüngung, die gut mit Flüssigdünger gegeben werden kann.

Zu den **Mittelzehrern** zählen Zwiebeln und Zwiebelgemüse, Gelbe Rüben und sonstige Wurzelgemüse, Rote Rüben, Mangold und Kohlrabi. Zur Düngung ihrer Beete eignen sich Kompost und organischer Dünger, z. B. Hornspäne oder Hornmehl, die ihre Nährstoffe allmählich abgeben.

Schwachzehrer mit geringem Nährstoffbedarf sind Salate, Kräuter, Rettich und Radieschen. Ebenso Bohnen und Erbsen, diese binden mithilfe der Knöllchenbakterien selbst Stickstoff. Die schwachzehrenden Gemüsearten nutzen die restlichen Nährstoffe der vorherigen Kulturen und müssen lediglich mit Kompost versorgt werden.

S. 73
Bohnen

Gartenplanung

Für einen Gemüsegarten brauchen Sie nicht viel: Ein Stückchen Erde, das nicht im Dauerschatten liegt, Spaten, Hacke und Rechen, ein paar Samenkörner oder Pflänzchen – schon kann es losgehen. Sogar auf einem schmalen Streifen entlang der Garagenwand oder am Gartenweg können Sie einige Tomaten pflanzen, dazwischen ein paar Salatköpfe, Radieschen und Kohlrabi setzen und das Beet mit Schnittsalat, Basilikum, Kresse und Petersilie einrahmen. Schon haben Sie ein kleines Gärtchen.

Je kleiner der Garten, desto besser muss der vorhandene Platz genutzt werden. Kletternde Pflanzen, wie Stangen- oder Feuerbohnen, Kletterzucchini oder rankende Kapuzinerkresse, bringen Ertrag auf wenig Fläche. Hochstämmchen von Johannis- oder Stachelbeeren erweitern den kleinen Garten um eine zweite Ebene, ebenso Zwerg-Obstbäume.

Wer Platz für mehrere Beete hat, kann sich ein Bauerngärtchen anlegen. Vier quadratische Parzellen für Gemüse und Kräuter und in der Mitte ein Rondell für ein Rosen- oder Beerenhochstämmchen, so sieht der klassische Bauerngarten aus. Natürlich können Sie Ihre Beete auch rund oder in anderer Form gestalten.

Wenn das Gartenfieber Sie so richtig gepackt hat, lohnt es sich, ein bisschen Zeit auf die Planung von Fruchtwechsel und Mischkultur zu verwenden. Dafür teilen Sie die Gemüsefläche in vier Teile. Eine Parzelle wird mit Starkzehrern belegt, die zweite und dritte gehören den Mittel- und Schwachzehrern und das vierte Teilstück ist für die Gründüngung vorgesehen. Diese Einteilung halten Sie schriftlich in einem Plan fest. In jedem Jahr rückt die Bepflanzung dann um ein Beet weiter. So entsteht ein Vier-Jahres-Turnus: Auf einem Beet stehen im ersten Jahr die Starkzehrer, im zweiten und dritten Jahr die Mittel- und Schwachzehrer und im vierten Jahr die Gründüngungspflanzen. Dieses Fruchtwechselsystem, das es schon im Mittelalter in Form der Vierfelderwirtschaft gab, bewährt sich im fränkischen Gemüsegarten seit Jahren. Der Boden wird nicht einseitig ausgelaugt und kann sich im vierten Jahr mit der Gründüngung erholen. Auch das Auftreten von Fruchtfolgekrankheiten wird vermieden.

S. 161
Fruchtwechsel

S. 165
Mischkultur

S. 162
Stark-, Mittel-, Schwachzehrer

Wer Zeit und Lust hat, führt ein Gartentagebuch. Dort schreiben Sie auf, was in einem Jahr mehr oder weniger gut gelungen ist, welche Sorte besonders gut geschmeckt hat und welche Pflanzenkombination sich vielleicht zufällig ergeben und als günstig herausgestellt hat. So entsteht im Laufe der Jahre Ihr persönliches Nachschlagewerk.

Gründüngung

Diese Form der Düngung kommt ausschließlich dem Boden zugute. Man sät spezielle Pflanzen, die nach dem Absterben oder Abhacken auf dem Beet liegen bleiben und in die Erde eingearbeitet werden. Dort verrotten sie und geben ihre enthaltenen Nährstoffe an den Boden ab. Im vierjährigen Fruchtwechselzyklus wird jeweils eine Parzelle mit Gründüngerpflanzen eingesät.

Eine sehr gute Gründüngung erreicht man mit *Phacelia* (Bienenfreund). Sie tut nicht nur dem Boden gut, sondern ist auch eine hervorragende Bienenweide.

Lupinen sind ebenfalls sehr geeignet. Als Leguminosen sammeln sie in ihren Wurzeln Stickstoff, der dann im Boden zur Verfügung steht. *Tagetes* (Studentenblumen) verbessern die Bodengesundheit und bekämpfen die gefürchteten Bodenälchen.

Häufig werden im Fachhandel Mischungen aus verschiedenen Gründüngungspflanzen angeboten. Achten Sie darauf, ob sie Kreuzblütler wie Gelbsenf oder Raps enthalten. Das kann zu Fruchtwechselproblemen mit Kohlarten führen.

S. 161
FRUCHTWECHSEL

KRÄUTERBEET

Kräuter sind unentbehrlich und sollten immer frisch zur Verfügung stehen. Auch wenn Sie keinen Garten besitzen, können Sie Kräuter auf dem Balkon oder der Fensterbank ziehen.

S. 10
KRÄUTER

Wenn Sie ein Kräuterbeet anlegen möchten, wählen Sie einen Platz in der vollen Sonne. Auch die Nähe zur Küche ist sinnvoll. Das Kräuterbeet ist der richtige Platz für die langjährigen Gewürzpflanzen. Die ein- und zweijährigen Kräuter sind besser im Gemüsegarten untergebracht. Dort werden sie jedes Jahr neu ausgesät und in die Mischkultur eingeplant.

S. 165
MISCHKULTUR

Bei der Gestaltung des Kräuterbeets haben Sie freie Hand. Es kann z. B. wie ein Klostergärtchen aussehen und mit Buchs eingefasst werden. Oder Sie errichten eine Kräuterschnecke mit spiralig gewundenen Trockenmauern. Auch in den Steingarten lassen sich Kräuter gut integrieren. Wie auch immer Sie sich Ihr Kräuterbeet vorstellen, bei der Planung gilt es einige Punkte zu beachten:

Die meisten unserer Würzkräuter stammen aus dem sonnigen Süden. Deshalb möchten sie nicht nur von der Sonne verwöhnt werden, sondern auch auf kargem Boden wachsen. Normale Gartenerde ist zu nährstoffreich und muss mit Sand oder Splitt vermischt werden. Wenn die Kräuter zu viel Nahrung bekommen, wachsen sie üppig, haben aber wenig Aroma.

Die beste Zeit, ein Kräuterbeet anzulegen, ist das Frühjahr. Jetzt bietet der Fachhandel eine breite Auswahl an Pflanzen. Die Kräuter wachsen gut an, und schon bald können Sie die ersten Blättchen ernten.

Kräuter, die sich stark durch Wurzelausläufer verbreiten (z. B. Minze, Bärlauch), sollten Sie nicht ins Kräuterbeet setzen. Sie bekommen einen eigenen Platz, an dem sie wuchern dürfen. Alternativ pflanzt man sie in eine stabile Umrandung, z. B. einen Eimer ohne Boden.

Lagern

Einige Gemüsearten können unter den richtigen Bedingungen für mehrere Wochen oder Monate gelagert werden, ohne dass sie verderben. Pastinaken und Schwarzwurzeln sind vollkommen frosthart. Auch Lauch, Grünkohl und Rosenkohl vertragen einige Minusgrade. Sie können also auf den Beeten bleiben, bis sie in der Küche gebraucht werden. Wenn aber der Garten tief verschneit und der Boden gefroren ist, wird es schwierig, an die Pflanzen heranzukommen.

Vorteilhafter ist es, das Lagergemüse in einer **Miete** einzuschlagen. Dafür hebt man an einer gut zugänglichen Stelle einen Graben aus, legt das einzulagernde Gemüse dicht an dicht hinein und deckt es mit lockerer Erde ab. Zum Schutz kommt noch eine Packung aus Laub oder Stroh darüber. Auch mit Folie oder Vlies kann die Miete abgedeckt werden. Bei Bedarf öffnet man die Miete und entnimmt das Gemüse.

Wer einen **Frühbeetkasten** besitzt, kann auch ihn als Lager nutzen. Dort ist das Gemüse leichter zugänglich als im Einschlag. Das gilt auch für ein unbeheiztes Kleingewächshaus.

Die **Keller** alter Häuser sind meist kühl und feucht und damit bestens als Lagerraum geeignet. Manche Hausbesitzer haben einen Kellerraum mit gestampftem Lehmboden. Dort kann man Wurzelgemüse oder Kohlköpfe für einige Zeit frisch halten. In Kisten mit feuchtem Sand trocknen Gelbe Rüben, Sellerie und Rote Rüben nicht so schnell aus. Chinakohl, Zuckerhut und Lauch werden zum Aufbewahren in Zeitungspapier gewickelt und in hohe Kisten gepackt. Die Keller moderner Häuser dagegen sind meist zu warm und trocken. Hier empfiehlt sich eine frostfreie und gut belüftete Garage zum Lagern.

Vor dem Einlagern sollten Sie das Gemüse sorgfältig prüfen und kranke oder verletzte Pflanzenteile entfernen. Sie führen im Lager zu Fäulnis. Auch während der Lagerzeit muss das Gemüse regelmäßig kontrolliert und verdorbene Teile müssen entfernt werden.

Mischkultur

Mischkultur bezeichnet das räumliche Nebeneinander verschiedener Gemüsearten auf einem Beet. Nach dem Vorbild der Natur, in der immer verschiedene Pflanzenarten nebeneinander wachsen, nutzt man auch im Gemüsegarten die Wechselwirkungen, mit denen sich Pflanzen gegenseitig unterstützen. Die Mischkulturen werden dabei nicht dem Zufall überlassen, sondern sind wohl überlegt und geplant.

S. 166
Nachbarschaft

Neben den Wirkungen über Wurzel- und

Blattausscheidungen spielt auch die Wuchsform eine Rolle. So ergänzen sich tiefwurzelnde Gemüse gut mit Flachwurzlern, z. B. Gelbe Rüben mit Zwiebeln. Schmal wachsende passen zu breit ausladenden Pflanzen, beispielsweise Radieschen zu Kopfsalat.

Auch der Nährstoffanspruch will bedacht sein. So sollte man stets Pflanzen mit gleich hohen Ansprüchen kombinieren.

Schließlich zählt noch die Kulturdauer. Frühe und kurze Kulturen wie Radieschen oder Schnittsalat sind schon abgeerntet, wenn man das Beet für die Tomaten braucht, die später gepflanzt werden und längere Zeit auf dem Beet stehen.

S. 162
Stark-, Mittel-, Schwachzehrer

Mulchen

Mulchen bedeutet nichts anderes, als den Boden mit organischem Material zu bedecken. Kahle Erde ist Sonne, Wind und Frost ungeschützt ausgesetzt. Bedeckter Boden ist beschattet, bleibt länger feucht, ist locker und krümelig und wird mit organischen Nährstoffen versorgt, die bei der Zersetzung des Mulchmaterials frei werden.

Zum Mulchen eignen sich alle Blätter und Stängel, die bei der Ernte von Salat, Kohl, Bohnen abfallen und zwischen den Reihen liegen bleiben. Rückstände von kranken Pflanzen sollten Sie allerdings nie auf dem Beet lassen, sondern über den Müll entsorgen. Auch Rasenschnitt und Reste der Gründüngung sind wunderbares Mulchmaterial.

Stroh, das unter Erdbeeren, Gurken und Zucchini gelegt wird, um die Früchte sauber zu halten, bleibt nach der Ernte als Mulch auf den Beeten. Holzhäcksel, Rindenmulch und Laub dagegen zersetzen sich nur langsam und sind weniger für die Gemüsebeete geeignet. Sie sind wertvoll als Bodenbedeckung unter Sträuchern oder als Wegbelag.

S. 163
Gründüngung

Nachbarschaft

Pflanzen beeinflussen sich gegenseitig über ihre Wurzelausscheidungen, Aromastoffe und Düfte. Diese können positive wie auch negative Wirkungen auf die Nachbarpflanzen haben.

In der Mischkultur nutzt man die positiven Wirkungen. So kann man beobachten, dass manche Würzkräuter den Geschmack von benachbarten Gemüsepflanzen verbessern: Kresse neben Radieschen gesät, lässt diese würziger schmecken. Dill fördert den Geschmack der Gelben Rüben, und Petersilie intensiviert den Duft von Rosen.

S. 165
Mischkultur

Weiterhin schützen sich Gemüsepflanzen gegenseitig vor unliebsamen Schädlingen. Gut bekannt ist die Wechselwirkung von Gelben Rüben und Zwiebeln, die sich gegenseitig vor Möhren- und Zwiebelfliege schützen. Doch es gibt noch viele weitere Beispiele: So wehrt Schnittsellerie Erdflöhe beim Kohl ab. Sellerie und Tomaten halten die Kohlweißlinge vom Kohlgemüse fern. Bohnenkraut schützt die Buschbohnen vor schwarzen Läusen. Kapuzinerkresse auf den Baumscheiben bewahrt Obstbäume vor einer Läuseplage. *Tagetes* (Studentenblume) wirkt gegen Bodenälchen, die oft die Erdbeeren verkümmern lassen. Lavendel vertreibt mit seinem Duft die Läuse von den Rosen. Basilikum hält die weißen Fliegen von den Tomaten fern. Salbei wirkt gegen Kohlweißlinge und Schnecken. Knoblauch verhindert Grauschimmel und Mehltau an Erdbeeren, Himbeeren und Gurken.

All diese Wechselwirkungen sind die Grundlage für zahlreiche Empfehlungen zur Mischkultur. Die folgende Tabelle gibt einen Überblick:

Gemüseart	Guter Nachbar	Schlechter Nachbar
Bohnen	Bohnenkraut Rote Rüben Salat, Sellerie	Erbsen Lauch Zwiebeln, Knoblauch
Erbsen	Gurken Kohl Salat	Bohnen Lauch Zwiebeln
Erdbeeren	Bohnenkraut Knoblauch Salat	Kohl
Gelbe Rüben	Dill Lauch, Zwiebeln Mangold, Salat	Rote Rüben

Gemüseart	Guter Nachbar	Schlechter Nachbar
Gurken, Zucchini	Bohnen, Erbsen Gelbe Rüben, Salat	Rettich, Radieschen Tomaten
Kohlgemüse	Erbsen Salat, Sellerie	Erdbeeren Zwiebeln, Knoblauch
Lauch	Gelbe Rüben Sellerie, Tomaten	Bohnen, Erbsen Rote Rüben
Mangold, Rote Rüben	Gelbe Rüben Kohl Rettich, Radieschen	Lauch
Rettich, Radieschen	Bohnen Mangold Salat, Kresse	Gurken
Salate	Gelbe Rüben Kohl, Radieschen Rote Rüben	Petersilie Sellerie
Sellerie	Kohl Tomaten	Salat Petersilie
Tomaten	Basilikum Gelbe Rüben Rote Rüben Sellerie	Erbsen Gurken
Zwiebeln	Gelbe Rüben Rote Rüben Salat	Bohnen, Erbsen Kohl

Zur richtigen Zeit – der Jahresplan

JANUAR

Anbauplan für den Gemüsegarten machen: Fruchtwechsel beachten!
Gehölze von Schneelast befreien
Eingelagertes Gemüse kontrollieren
Gartengeräte reparieren, Rasenmäher warten

FEBRUAR

Schnitt der Obstbäume, nicht unter -5 °C
Immergrüne wässern
Sämereien sichten, neu beschaffen
Mistbeet vorbereiten

MÄRZ

Baumschnitt beenden
Erste Aussaaten im Gemüsegarten und Mistbeet oder im Kasten auf dem Fensterbrett
Rasen abrechen, vertikutieren
Rosen abhäufeln, zurückschneiden (wenn die Forsythien blühen) und düngen
Pflanzzeit für Gehölze (Steinobst)
Schädlingsbefall beobachten

APRIL

Pflanzzeit für Gehölze und Stauden
Säen und pflanzen der meisten Gemüsearten und Sommerblumen
Aussaat der frostempfindlichen Arten auf der Fensterbank
Erste Düngung für Gemüse, Stauden und Sträucher

MAI

Pflanzung der frostempfindlichen Arten nach den Eisheiligen
Erster Rasenschnitt
Erste Maßnahmen gegen Schädlinge und Pilzkrankheiten
Kräuterbeet anlegen
Pflanzung von Blumen und Stauden

JUNI

Volle Rosenblüte – auf Schädlinge kontrollieren, Verblühtes entfernen
»Schafskälte« ab dem 8.6.: empfindliche Jungpflanzen schützen
Aussaat der Zweijahresblumen
Beginn der Erdbeerernte: die ertragreichsten Pflanzen markieren
Kirschen vor Vögeln schützen
Im Gemüsegarten hacken und gießen
Tomaten regelmäßig ausgeizen
Junifruchtfall der Äpfel: Fruchtbehang ausdünnen

JULI

Haupternte von Johannisbeeren, Stachelbeeren und Kirschen
Abgeerntete Beerensträucher auslichten
Abgetragene Himbeerruten abschneiden

Sommerschnitt der Obstbäume
Nachsaat und Pflanzung von Gemüse
Regelmäßig gießen

AUGUST
Laufende Pflegearbeiten:
gießen, hacken, letzte Düngung
Gemüseaussaaten für den Herbst
Ausläufer der markierten Erdbeerpflanzen in Töpfe pflanzen, Blätter und Ausläufer der Erdbeeren abschneiden
Laufende Ernte von Tomaten, Bohnen, Gurken und Zucchini

SEPTEMBER
Obsternte: Zwetschgen, Äpfel, Birnen
Gemüseernte: auf frei gewordenen Beeten letzte Aussaaten (Feldsalat, Spinat)
Blumensamen ernten für das nächste Jahr (Tagetes, Ringelblumen, Wicken)
Pflanzung der Erdbeerjungpflanzen auf das vorgesehene Beet

OKTOBER
Lageräpfel ernten
Wintergemüse ernten und einlagern
Laub vom Rasen abrechen und kompostieren oder als Mulch (für Bodendeckung oder Wegbelag) verwenden
Komposthaufen umsetzen
Pflanzzeit für Gehölze (Kernobst)
Asthaufen für Igel zur Überwinterung aufschichten

NOVEMBER
Frostempfindliche Kübelpflanzen ins Haus holen
Leimgürtel an Obstbäumen anbringen
Rosen anhäufeln, Frostschutz anbringen
Gemüsebeete umgraben
Herbsthimbeeren und Brombeeren abschneiden
Sämereien trocken und frostfrei aufbewahren
Wasserleitungen entleeren

DEZEMBER
Grün- und Rosenkohlernte nach dem ersten Frost
Immergrüne Gehölze wässern
Gartengeräte reinigen und einölen
Eingelagertes Obst und Gemüse kontrollieren
Vögel füttern

Alphabetisches Register

L/M

N/O

P

R

S

Schlagwortregister

Aus dem Vorrat

Beeren

Beilagen

Desserts und Süßspeisen

Fisch

Fleisch

Gartenwissen

Gebäck

Gemüse

Getränke

Kern- und Steinobst

Kräuter und Salat

Nudeln und Reis

Salate

Saucen & Dips

Suppen

Vegetarisches

Vorspeisen